『중용』읽기

세창명저산책_048

『중용』읽기

초판 1쇄 인쇄 2016년 10월 15일
초판 1쇄 발행 2016년 10월 25일
_
지은이 정해왕
펴낸이 이방원
기획위원 원당희
편집 윤원진·김명희·이윤석·안효희·강윤경·김민균
디자인 손경화·박선옥
마케팅 최성수
_
펴낸곳 세창미디어

출판신고 2013년 1월 4일 제312-2013-000002호

주소 03735 서울시 서대문구 경기대로 88 냉천빌딩 4층

전화 02-723-8660 팩스 02-720-4579

이메일 sc1992@empal.com 홈페이지 http://www.sechangpub.co.kr/
_
ISBN 978-89-5586-454-0 03150

ⓒ 정해왕, 2016

정가 8,000원

세창명저산책_048

『중용』 읽기

정해왕 지음

세창미디어 MEDIA

머리말

　인생을 어떻게 살아야 하나. 이것은 삶을 나름대로 의미 있게 살아가려는 고민일 수도 있고, 이 풍진 세상에 던져져 부딪치는 풍파를 어떻게 헤쳐 나갈까 하는 고민일 수도 있다. 그저 잘 먹고 잘 살려는 생존방식의 고민하고는 또 다르다. 인생의 가치와 인생을 꾸려 나갈 때의 행위의 옳음에 관한 문제란 이야기다.

　이러한 문제를 진지하게 고민하는 이들은 삶 속에서 나름대로의 가치관을 세우고 그에 따른 행위원칙을 마련할 것이다. 이때 자신의 독자적인 원칙을 마련할 수도 있지만, 이미 인생을 살면서 먼저 고민해 본 인류사 속의 선지자, 선각자들의 전례를 참고할 수도 있을 것이다. 그들은 먼저 겪고 먼저 고민하여 우리가 참고할 철학사상, 종교사상을 그려 내어 인류문화사 속에서 삶의 길을 제시하였다. 비록 그들의 사상이 저마다의 특색을 가지고 있어서, 우리는 또

선택을 고민해야 하기도 하지만.

철학을 산생한 여러 문화권 중 고대 중국문화권에 유가철학사상이 발생했으며, 그 창시자가 공자孔子라는 사실은 상식에 속한다. 공자가 제시하고 그 후학들이 계승하여 발전시킨 유가철학사상은 인류문화의 중요한 부분 중 하나다. 그들 역시 인생을 어떻게 살아야 하나, 삶 속에서 매번 행위할 때의 원칙은 어떻게 설정해야 하나로 고민하였다.

공자와 그 후학들의 고민이 문헌으로 엮어 오늘날에 이르기까지 중요한 고전이 되고 있음을 우리는 알고 있다. 유가사상이 하나의 이념적 틀로서 작용한 유교가 될 때의 그 경전經典들이 그러한 것이다. 이들 경전은 유가적 삶을 살려는 이들의 행위원칙을 담은 문헌이다. 이 중 유가적 행위원칙을 선명하게 제시하는 문헌이 『중용中庸』이다. 『중용』은 삶 속 행위원칙으로서의 '중용中庸'에 대한 철학적 의미를 성찰한 문헌이다.

『중용』에서 말하는 '중용'은 많은 사람들이 의미 있는 행위원칙으로 가치 있게 여기고 있는 것이다. 『중용』에서만 그런 것도 아니다. 고대 그리스 철학자 아리스토텔레스도

'중용'을 중시하였다. 문화권의 동서를 막론하고 '중용'이 중요한 행위원칙으로 제시된 것이다. 그 사상에 대해 깊이 있는 이해가 아직 없더라도, '중용'은 그것을 제대로 지킬 수만 있다면 언어적 의미상으로도 적절한 행위원칙처럼 느껴진다.

그래서 그러한 '중용'의 철학적 의미는 과연 무엇이냐는 지적 관심도 생길 수 있다. 이 책은 이러한 '중용'의 철학적 의미를 담은 유가문헌 『중용』을 소개하기 위한 것이다. 필자는 이 책에서 단순한 소개를 좀 더 넘어서는 단계까지도 언급할 것이다. 독자들의 보다 높은 관심을 독려하기 위한 취지이다.

우리나라 사람들은 청소년기에 학교의 교과서에서 '중용'이란 말을 배우며, 그 내용을 깊이 있게 탐구할 정도는 아니더라도 『중용』이 어떤 성격의 책인지 정도는 배운다. 그리고 그 속에 나오는 중요한 용어 중 하나인 '성誠'에 대해서 언어듣기도 한다. 필자도 그러했다. 필자가 본격적으로 『중용』을 본 것은 대학 1학년 때 집에 있던 '사서삼경四書三經' 전집을 하나하나 독파하면서였다. 그 덕에 한문에 관한 이

해와 더불어 유가사상에 대한 나름대로의 구도가 그려지기도 했다.

학부 철학과를 졸업하고 대학원에서 동양철학을 전공할 때 필자는 주로 『주역周易』을 공부했다(북송北宋 정이程頤의 관점과 조선조朝鮮朝 정약용丁若鏞의 관점이 그 중심이 되었다). 『주역』을 연구하면서 늘 만나는 문제는 어떤 상황에서 어떻게 행동해야 마땅한가 하는 것이었다. 『주역』에서는 그때의 주인공을 '군자君子'로 설정하고 있었다. '군자'가 매 상황에서 어떻게 행동해야 마땅한가를 말하고 있었다. 그 매 상황은 매 괘卦로 표현된다. 그런데 그 마땅함 속의 한 행위원칙에 '중용'이 있었다. 『주역』과 『중용』이 만나고 있다고 여겨졌다.

필자는 이때 유가철학체계 속에서 『주역』과 『중용』이 밀접한 관련성을 가지고 자리하고 있음을 보고, 그 관계의 그림을 그렸다. 『주역』에서는 매 괘卦마다 '중中'을 중요시함을 알게 되었다. 『주역』은 현상계 삼라만상의 천변만화千變萬化를 체계화한 문헌으로서, 현상일체의 변화를 64괘卦라는 존재와 변화의 범주로 설명한다.

『주역』은 세상을 살아가는 유가적 도덕실천자인 '군자君

子’가 정의를 실현하기 위해서 이익과 탐욕을 앞세우는 ‘소인小人’과 투쟁함을 말하는 문헌이다. 즉 매 괘로 상징되는 상황마다, 이 상황은 어떤 상황인데 어떻게 해야 소인을 물리치고 ‘의義’를 행할 수 있을 것인가를 고민하는 문헌이다. 그래서 ‘소인’이 주도할 때 벌어지는 ‘난세’의 상황을 ‘군자’가 주도하는 ‘치세’로 바꾸려는 노력을 묘사하는 문헌이다.

매 상황마다 ‘의’를 실현한다는 것은 곧 그 상황의 ‘중용’을 말한다. 그래서 『주역』에서는 ‘중中’이 중요한 의미를 지니는 것이다. 또 동시에 『주역』에서는 ‘중용’을 말하는 ‘의’가 ‘정正’으로서 상징되기도 한다. 『주역』에서 매 상황의 ‘의로움’은 『중용』에서 말하는 ‘때에 알맞은 중용’인 ‘시중時中’이다.

『중용』에서 군자의 행위원칙, 나아가 삶의 원칙은 『주역』뿐만 아니라 유교경전 모두의 바탕에 있고, 유가적 삶 일반을 관통하는 원칙이다. 그래서 특별히 『중용』이라는 문헌을 두어 중시한 것이다. 『중용』에서 말하는 ‘중용’은 개인에 있어서는 행위의 적절성을 말하는 원칙이다. 그것은 개인적 '중용'이다. 사회에 있어서는 사회 운영의 적절성을 말하는 원칙이다. 그것은 사회적 '중용'이다. 『중용』에서 말하는 '중용'은 나아가 천지우주의 운행원칙 즉 그 원리로서의 천도天道이기도 하다. 『중용』은 이렇게 개인과 사회와 천지우주를 포괄하는 '중용'의 대원칙을 '성誠' 한 글자로 표현한다. 이것은 동시에 '중中' 한 글자이기도 하며 현상세계에서 '화和' 한 글자로 전개된다.

개인과 사회, 나아가 천지우주를 포괄하는 이러한 '중용'의 관건은 결국 인간에게 있다고 『중용』은 말한다. 그것은 도덕주체인 인간의 도덕적 실천에 기초하기 때문이다. 그 실천의 대표자를 '군자'로 둔다. 도덕주체의 실천은 개인의 덕성 함양에서 시작된다. 『중용』에서는 그것을 마음 다스림에서 출발한다. 마음이 행위로 나타나기 때문이다. 사회의 일, 천지우주의 일까지도 그 출발은 도덕주체의 마음 다스림에서 출발한다.

이렇게 개인의 중용이 이상적으로 이루어지면 그 존재는 '성인聖人'이 된다. 사회의 중용이 이상적으로 이루어지면 그 사회는 유가적 이상사회 '대동大同'이 된다. 그런데 천지우주는 원래 자연적 중용이다. 개인과 사회가 중용을 이룸은 이 천지우주의 자연적 우주와 합일하는 것이다. 원래 그 자체가 '중용'인 자연세계는 그대로 저절로 조화와 질서를 이루고 있는 아름다운 꽃이다. 이 아름다운 세계에서는 '솔개는 하늘로 날아오르고, 물고기는 못에서 뛰논다.' 저마다 자신의 본성을 실현하며 세계 속에서 조화한다. 『중용』에서는, 개인과 사회는 자신의 고통과 갈등을 이겨 내고 궁극적으로 이러한 조화와 질서의 자연적 이상을 지향해야 함을 말하는 것이다.

　필자가 세창미디어로부터 『《중용》 읽기』와 『《대학》 읽기』의 집필을 의뢰받고도, 다망한 삶 속에서 제대로 착수하지 못한 채로 짧지 않은 시간이 흘렀다. 그러다가 2015년 3월부터 2016년 2월까지 중국 북경대에서의 파견연구 기회를 얻게 되었다. 그 시간적 여유를 활용하여 먼저 『《대학》 읽기』 초고를 완성하고, 이제 귀국에 즈음하여 두 책을 함께 완성하게 되었다. (두 책은 원래 유가철학체계에서 밀접한 연관성이 있기도 하여, 필자는 두 책을 상호 연관성 있게 기획, 집필하였다. 독자분들은 두 책을 아울러 참고하시기를 권한다. 특히 『《대학》 읽기』의

'프롤로그'는 이 『《중용》 읽기』, 나아가 유가철학의 이상적 목표를 서술하였다.)

집필을 마치고 귀국을 준비하는 동안, 북경대의 캠퍼스를 거니노라니, 북경대 캠퍼스 안에 큰 돌에 크게 새겨 놓은 『중용』의 '성誠' 한 글자가 새삼 감회롭게 다가온다. 그동안 필자의 느린 집필을 기다려 주신 세창미디어 분들의 인내에 감사드림과 동시에 내용의 제 문제에 대해서 독자분들의 비평과 충고를 기다린다.

2016년 2월 중국 북경에서
저자 정해왕

프롤로그

옛날도 아주 먼 옛날 중국의 상고上古시대에, 당시 중국 천하를 조화롭게 다스리던 훌륭한 임금, 요堯임금(중국 상고 시대 전설상의 임금. 성姓은 이기伊祁, 이름은 방훈放勳)이 있었다. 그는 백성을 억압하지 않고 덕德으로 세상을 다스렸다. 세상을 위해 지극한 공을 세우고도 겸손하고, 지혜로우며 총명하였다. 모습은 품위 있고, 언행은 신중하고도 온유하였다. 다른 이들에게 언제나 공손하면서 사양하였다.

요임금은 가까이는 자기 집안의 구족九族에 이르도록 화목하였고, 멀리는 천하의 온 백성에게 밝고 큰 덕을 밝혀 베풀었다. 그의 아름다운 다스림으로 인해 온 세상이 평화롭게 되고, 백성들은 착해져서 모두가 화합하여 다투지 않았다.

요임금은 천문관측을 전문적으로 맡아 온 희씨羲氏, 화씨和氏 집안으로 하여금 바르게 그 일을 하도록 하여, 이에 따라 나라 경영과 백성들의 삶이 과학적이고 합리적으로 이루어지도록 하였다. 인재를 등용함에 있어, 주위에서 요임금의 아들인 단주丹朱를 추천하여도 재목이 못 된다 하여 물리쳤다. 자신의 아들에 대해서도 이럴진대 다른 이들의 경우에는 말할 것도 없었다. 주위 신하들에게서 추천되는 이들이 있으면, 그 덕과 능력을 보고 살피어, 공정하게 등용함을 원칙으로 하였다.

요임금이 천하를 다스린 지 70년이 되었을 때 다른 이에게 임금 자리를 넘겨주려 하였다. 주위에 넘겨주려니 덕이 없다고 사양하여 세상 사람 중에서 추천케 했다. 주위에서 우순虞舜이란 사람이 부모에 효성스럽고, 덕이 있으며 인품이 훌륭하다고 추천하였다. 그는 바로 요임금으로부터 이후 천하를 선양禪讓[1]받은 순舜임금(성姓은 우虞 또는 유우有虞, 이름은 중화重華)이다.

순임금은 기주冀州 사람이다. 그는 역산歷山에서 농사를 짓고, 뇌택雷澤에서 물고기를 잡았으며, 황하黃河 가에서 질그릇을 굽고, 수구壽丘에서 집기를 만들었으며, 부하負夏에 가서 장사를 했다고 한다. 순임금은 효자로 소문나 있었다. 그는 어머니를 일찍 여의었는데, 그의 아버지 고수瞽叟가 재혼하여 순은 계모 밑에서 자랐다. 그의 아버지는 어리석었고, 그의 계모는 악했다. 계모는 상象이라는 아들을 낳았다. 순의 이복동생인 상은 오만하고 악했다. 그런데 순의 아버지 고수는 상을 총애했다. 세 사람은 모두 순을 학대했지만, 순은 아버지와 계모에게 효도하였고, 이복동생에 대해 우애가 돈독했다. 이러한 순을 유가에서는 '대효大孝'라고 일컫는다.

요임금은 순을 추천받은 뒤, 그의 두 딸 아황娥皇과 여영女英을 순에게 시집보내고 그의 아들들을 그 주위에서 돕게 하며 순의 덕을 시험했다. 이러는 동안에도 순의 아버지와 계모 그리고 이복동생은 순을 시샘하여 여러 번 그를 죽이려 하였고, 그때마다 순은 위기에서 벗어났다. 그래도 여전히 그 세 사람에게 사랑을 베풀었다. 요임금은 이러한 순을 훌륭하다 여겨 그를 등용하고 후에 마침내 그에게 천하를 선양하였다. 요는 순에게 자리를 물려준 지 28년 만에 세상을 떴으니, 자신이 살아 있는 상태에서 자기 아들이 아닌 순에게 임금 자리를 넘겨준 것이다. 이 점은 유가에서 지향하는 이상적 정치의 중요한 조건 중 하나이다. 즉 천하는 공공公共의 것으로서 한 개인이나 가문의 것이 아니라는 사상이다.

요임금이 이미 시험하여 증명되었듯이, 순임금의 덕 역시 요임금처럼 천하를 경영할 만하였다. 그는 생각이 깊고 지혜로웠으며, 품위가 있고 총명하였다. 그 인품은 따뜻하고 공손하며 진실하고도 착실하였다. 그의 덕은 그윽하여 굳이 드러내지 않았음에도 요임금에게 알려져 등용될 정도였다. 일을 맡아서 사람과 사람의 관계를 조화롭게 하였고, 여러 관직을 맡아도 모두 질서 있게 일을 처리하였다. 사람들에 대해서는 누구를 대해도 화목하게 하였고, 자연에 대해서는 재변災變의 위기를 잘 극복하였다. 그래서 마침내 요임금은 순에게 천자의 자리를 넘겼던 것이다.

순임금은 덕으로 천하를 다스렸다. 관용으로 백성을 대

하고 형벌을 가볍게 하였다. 형벌을 내리더라도 공경하는 마음으로 신중히 하였다. 실수와 재난으로 인한 죄는 용서하였으며, 일부러 저지른 죄는 작아도 벌하였고, 끝내 반성하지 않는 죄인은 용서하지 않았다. 죄는 자손에게까지 미치지 않게 하고, 상은 후세에까지 뻗게 하였다. 의심스러운 죄는 가볍게 하고, 의심스러운 공은 신중히 판단하였다. 차라리 법도를 어길지언정 죄 없는 사람을 죽이지 않았다.

이렇게 삶을 아끼는 덕이 백성들에게 두루 미쳐, 백성들이 관리들의 공무를 범하지 않았다. 순임금은 주위의 추천을 받아 훌륭한 인재들을 등용하였는데, 요임금 때부터의 인재를 비롯하여 새로 임명한 인재를 적재적소에 두었다. 이에 우禹, 기棄, 설契, 고요皐陶, 수垂, 익益 등 22 사람을 임명하여 그를 돕게 했는데, 신하들을 간략함으로 대하였다.

순임금 역시 요임금처럼 그의 생전에 선양하였다. 요임금 때부터 일해 온 우禹(순에게서 임금 자리를 물려받은 하夏나라의 시조. 성姓은 사姒, 이름은 문명文命)가 덕이 있다 여겨 그에게 임금 자리를 넘긴 것이다. 요임금 당시 중국에 큰 홍수가 있었는데, 9년이나 계속되어 이른바 '구년홍수九年洪水'라 일컫어졌다. 이를 해결할 인물로 주위에서 곤蘇이란 사람을 추천하였다. 요임금은 마땅치 않다고 하였지만, 주위에서 일단 시험해 볼 것을 권하여 맡겼다. 곤은 넘치는 물을 막는 방법으로 물을 다스리려 했으나 성공하지 못하고 벌을 받았다.

순임금 때 그의 아들 우에게 다시 그 일을 맡겼는데, 우는 물길을 적절히 터 주는 방법으로 성공하였다. 우는 치수의 일을 맡는 동안 그의 집 앞을 세 번이나 지나면서도, 오직 공적인 일을 앞세워 자신의 집에 들어가지 않을 정도로 천하의 일에 희생적이었다. 순임금은 우의 이러한 현명함과 능력 그리고 희생정신을 높이 평가하여 마침내 그에게 임금 자리를 넘겼다.[2]

이처럼 요에서 순, 순에서 우로 이어지는 천자 권력의 선양의 방식, 즉 자식에게 세습하지 않는 권력 이양의 방식은, 천하는 한 개인이나 집안의 사유물이 아닌 천하 구성원 모두의 것이라는 공公천하의 사상에 기인한 것이다. 즉 천하는, 그 구성원인 천하 만민을 위한 덕과 능력을 지닌 이가 다스려야 한다는 것이다. 이렇게 공천하의 사상을 가진 덕 있는 이, 그리고 이 덕을 천하 만민을 위해 베풀어 그들을 감화하고, 또 그들을 행복하게 해 줄 수 있는 이를 유가사상에서는 성인聖人이라 한다. 지금까지 말한 요임금, 순임금, 그리고 우임금이 곧 그러한 예이다. 그들이 어떠한 덕으로 정치를 하여 성인으로 일컬어질 수 있었는지를 말한 것이 바로 위의 이야기들이다.

지난 수천 년의 인간의 역사를 볼 때, 인간사회는 인간들이 서로 부대끼면서 탐욕으로 투쟁하며 서로가 서로에게 고통을 주어 왔고, 이것은 지금도 현재진행형임을 우리는 너무나 잘 알고 있다. 그래서 오랜 세월 동안 인간은 이러한 고통에서 벗어난 상태를 그려 왔다. 여러 뜻있는 사상가들은 이러한 아름다운 상태를 이상理想의 사회로 그리곤 했다. 그렇다면 유가사상에서 그리는 이상사회는 어떠한 사회인가. 그것은 성인聖人이 다스리는 사회이다. 왜냐하면 유가에서 성인은 이상적 존재이기 때문이다. 이상적 존재가 다스리는 사회가 곧 이상사회인 것이다. 역사상 그런 사회가 있었던가. 바로 위에서 이야기한 요와 순이 다스린 사회가 이상사회였다고 한다. 그러했던 사회를 유가에서는 '대동大同'의 사회라고 부른다.

그런데, 위에서 요와 순 외에도 우를 이야기하지 않았던 가. 이 점이 포인트다. 이것이 유가에서 말하는 사회 상태의 변곡점이기 때문이다. 요와 순도 그리고 우도 모두 훗날의 유가사상가들이 인정하는 성인이다. 그러나 요순의 시대와 우의 시대는 다르다. 또 실제 후세 유가들은 성인을 거론할 때 요, 순, 우뿐만 아니라 그 후의 은殷 탕왕湯王, 주周의 문왕文王과 무왕武王 등도 들지만, 그래도 요순과 이들을 차별화하여 말한다. 그리고 유가의 이상사회를 말할 때도 요순시대를 말하지, 우임금까지 포함해서 말하지는 않는다. 그 후의 사람들은 더더욱 아니다. 그 차이를 말하는 곳이 『예기』 중 「예운禮運」이다.

『예기』 「예운」에서는 공자의 말을 통해 '대동'의 이상사회의 모습을 묘사하고 있다. 바로 요임금과 순임금의 때이다. 그때는 천하를 공적인 것으로 보아 인재 발탁도 사적인 관계에 의하지 않고, 오로지 현명한 이와 능력 있는 이를 뽑았다. 그리고 그 사회의 지도원칙은 화목이었다. 천하를 공적인 것으로 보았기 때문에 남의 부모도 자신의 부모같이 여기고, 남의 자식도 자신의 자식처럼 여겼으며, 사회의 약자들을 우선 배려하여 소외되는 사람이 없도록 하였다.

남녀노소 할 것 없이 모두 각자의 처지에 맞게 복지 혜택을 베풀고, 일할 수 있는 이들이 일자리를 가질 수 있도록 하였다. 사회경제의 측면에서는 공동생산과 공동소유를 하여 사회 구성원들은 모두를 위해서 일하고 재화는 모두가 함께 소유하였다. 즉 사적 욕심이 일어날 필요가 없어 도둑이 생기지 않았으며, 이 때문에 문을 닫지 않고도 살 수 있는 세상이었다. 이러한 세상을 두고 '대동大同'이라 일컬었다.

그런데, 순임금이 우임금에게 천하를 넘겨준 이후에는 상황이 달라졌다. 요임금은 천하를 공적인 것으로 생각해 순임금에게 선양했으며, 순임금 역시 그런 생각으로 우임금에게 선양했다. 우임금 역시 덕이 있어 자신도 백익伯益이란 사람에게 천하를 넘겨준다고 하고 세상을 떠났으나, 우임금의 아들인 계啓가 그다음 임금이 되었다. 결국 선양이 아닌 세습이 된 셈이다. 이 이후는 본격적으로 세습과 상속의 시대, 공公천하가 아닌 사私천하, 가家천하의 시대가 된 것이다. '대동'의 '큰 도(대도大道)'가 '숨어 버려', 역시 『예기』 「예운」에서 이르는 바인 '소강小康'의 세상이 된 것이다.

'소강'의 세상은 어떠한 세상인가. 이 시대의 세상은 천하를 통치자 집안의 것으로 여긴다. 그 구성원들도 각자의 집안을 중시한다. 천하 사람들은 각자 자신의 부모만을 부모로 여기고, 자신의 자식만을 자식으로 여기며, 재화와 노동은 오직 자신만을 위해 사용하였다. 세습과 상속을 '예禮'라는 명분으로 제도화하고, 각자의 나라를 사유화하였으며, 세상의 구성원들은 재화를 사유화하려고 경쟁했다. 임금과 신하의 신분을 명확히 하는 데서부터 시작하여 사회의 위계질서를 정하는 신분제가 보다 철저해졌다. 이러한 제도와 이 제도하의 질서를 지키기 위한 용맹스러움과 지혜로움을 높이 평가하고, 이에 따른 개인의 이익을 얻는 행위를 공功으로 여겨, 이 와중에 모략이 생겨나고, 나아가서 전쟁이 발생하였다.

하夏나라의 우禹임금, 은殷[3]나라의 탕湯임금(하나라를 밀어낸 은나라의 시조. 성姓은 자子, 이름은 이履 또는 천을天乙), 주周나라의 문왕文王(주무왕의 아버지. 성姓은 희姬, 이름은 창昌), 무왕武王(은

24

나라를 밀어낸 주나라의 시조. 문왕의 아들. 성姓은 희姬, 이름은 발發), 성왕成王(무왕의 아들로서 주나라의 두 번째 왕. 이름은 송誦), 주공周公(문왕의 아들이며 무왕의 동생. 이름은 단旦)과 같은 이들이 바로 이러한 사회질서를 확립한 대표자들로 평가된다. 이러한 사회질서를 위한 체제에 도전하면 곧 제재를 받았다. 이러한 세상이 이른바 '소강'이라는 세상이다.[4]

우임금은 비록 요임금과 순임금처럼 천하를 위해서 덕을 베푼 훌륭한 임금이며, 역시 선양을 시도한 공천하의 관념을 가진 통치자였지만, 그의 의도가 어떠하든 결국은 세습 왕조인 하나라의 초대 임금이 된 셈이고, 그의 아들 이후에 세습 하왕조가 지속되었을 뿐 아니라 수천 년 중국 세습왕조의 선구가 되었다.

유가문헌인 『예기』「예운」에서는 요임금과 순임금의 시대를 공천하인 '대동'시대로, 우임금의 시대 이후 '대동'의 대도가 숨어 버려 계급과 신분으로 질서가 유지된 시대를 사천하인 '소강'시대로 규정하였다. 그리고 이 질서마저도 붕괴된 시대를 유가에서는 '난세亂世'로 규정하는데, 공자孔子(B.C.551~B.C.479, 본명은 공구孔丘, 자字는 중니仲尼. 유가儒家의 창시자)가 살았던 춘추시대春秋時代 말기가 그 상징적 시대였다. 유가에서는 공자 사후 전국시대戰國時代는 그러한 상황이 더욱 격화된 시대로 여긴다.

그러면 유가사상의 사회 상태에 관한 견해를 이렇게 정리할 수 있다. 대개 현실과 다르며 현실보다 더 나은 사회 상태를 꿈꾸는 경우는 그 현실이 만족스럽지 않을 때다. 그래서 더 나은 상태, 나아가서 완전하고 이상적인 상태를 꿈꾼다. 그것이 많은 사상가들이 '이상理想'으로 꿈꾸는 것이고 사상의 최종목표이다. 유가사상에서는 이러한 이상과 현실의 사회 상태를 '대동'과 '소강' 그리고 '난세'로 규정하였다. 유가사상이 태동한 것은 그들이 '난세'로 규정한 때였다.

이 책의 주제인 『중용』과 또 그 짝이 되는 『대학』 역시 난세의 현실에 발을 딛고 이상을 꿈꾸는 것이다. 그 꿈의 문헌상 주인공은 바로 공자이다. 난세이기 때문에 치세治世를 꿈꾸고, 나아가 완전한 이상을 꿈꾼다(마치 불교에서 중생이기 때문에 부처를 꿈꾸듯이). 단순 치세는 '소강'이고, 이상은 '대동'이다. 『예기』의 「예운」은 이러한 사회 상태의 차이를 묘사한 것이고, 『중용』과 『대학』은 난세에서 치세로, 나아가 이상으로 향해가는 방법과 그 도정道程을 말하는 것이다. 이 글은 바로 '대동'의 시대인 요임금과 순임금의 시대를 말하면서 그 서두를 열어 보인 것이다. 이와 더불어 이상인 대동의 끝자락이면서 치세로서의 소강의 시작을 알리는 우임금으로 글을 이었다.

『대학』은 이러한 대동과 소강, 그리고 난세의 단계적 차이를, 이 세상을 개조해 나가는 도덕주체의 시각에서 그 방법과 과정을 말한다. 그 도덕주체는 외면적으로는 '몸(신身)'으로서의 자신이고 내면적으로는 '마음(심心)'이다. '몸' 즉 '신身'은 현실의 고난 속에서 이상의 대동을 실현하려 노력한다. 이러한 주체를 유가사상에서는 '군자君子'라 일컫는다. 『대학』에서 말하는 군자의 이상은 '밝은 덕을 천하에 밝힘(明明德於天下)'으로서의 '천하를 화평하게 함(平天下)'이다. 이러한 상태가 실현된 것이 곧 『예기』「예운」의 '대동'사회이다.

그런데 이러한 이상이 어찌 쉽사리 이루어지겠는가. 그렇다면 세상 걱정도 필요 없을 것이다. 당연히 지극히 어려운 일이다. 밝은 덕을 천하에 밝힐 수 있는 경지의 사람은 곧 성인이다. 그렇다면 먼저 성인이 되어야 할 것이다. 군자는 성인을 지향하는 존재다. 천하에 밝은 덕을 밝히는 사회적 이상은 곧 성인이라는 개인의 인격적 이상에 상응한다. 천하에 밝은 덕을 밝힐 수 있는 존재라면 이미 성인인 것이다. 그런데 사회적 이상도 개인의 인격적 이상도 지극히 어렵다. 『대학』을 두고 말한다면 이러한 것은 낮은 단계, 가까운 단계에서 점차 나아가야 할 과정이다.

　이런 의미에서 잠시 『대학』에 대해서 간단히 살펴보고 『중용』 이야기를 하자. 『대학』에서는 밝은 덕을 천하에 밝히려면 먼저 선결단계로서 '나라를 다스림(治國)'의 단계를 거쳐야 한다. 적어도 자신의 나라를 다스릴 정도의 인격이 갖추어져야 그다음 천하에 밝은 덕을 밝힐 자격이 있는 것이다. 그런데 나라를 다스릴 정도의 인격이 되려면, 먼저 '집안을 가지런히 함(齊家)'의 단계를 거쳐야 한다. 즉 적어도 자신의 집안을 가지런히 할 정도의 인격이 갖추어져야 그다음 나라를 다스릴 자격이 있는 것이다. 그런데 집안을 가지런히 할 정도의 인격이 되려면, 먼저 '몸을 닦음(修身)'

이 이루어져야 한다. 즉 적어도 자신의 몸을 닦는 정도의 인격이 갖추어져야 그다음 집안을 가지런히 할 자격이 있는 것이다.

그래서 『대학』의 저자는 먼저 자신의 인격을 닦고, 그다음 집안을 가지런히 하고, 또 그다음 나라를 다스리고, 그렇게 한 후에라야 천하에 밝은 덕을 밝힐 수가 있다고 본다. 이것이 『대학』에서 말하는 유명한 '수신修身', '제가齊家', '치국治國', '평천하平天下(명명덕어천하明明德於天下)'라는, 도덕주체의 인격으로서의 덕이 세상에 베풀어지는 단계적 과정인 것이다.

이렇게 도덕주체의 개인적 덕이 세상에 베풀어지려면, 먼저 그 덕이 완성되어야 할 것이다. 완성된 덕이 없는데 무슨 '베풂'이 있겠는가. 즉 '수신'이 이루어져야 한다. 그래서 '수신'을 어떻게 이룰 것인가가 먼저 논의되어야 한다. 『대학』에서는 이 '수신'에도 그 선결단계가 있다고 한다. 그것이 곧 도덕주체의 내면인 '마음' 즉 '심心'의 문제이다. 그래서 『대학』의 저자는 '수신'하려면 먼저 '마음을 바로 함(正心)'이 이루어져야 한다고 말한다.

여기서 『대학』은 내면을 더 파고든다. 여기서는 도덕주체인 '마음'이 행위를 하려면 도덕적 동기가 있게 된다고 생각하였다. 이 도덕적 동기가 '뜻(의意)'이다. 이 도덕적 동기가 깨끗하지 못하면 마음도 바르지 못하다고 보았다. 그래서 마음을 바로 하려면 먼저 '뜻을 성실히 함(誠意)'이 선결조건이 되어야 한다고 하였다.

여기서 『대학』은 한 번 더 나아간다. 이 뜻을 성실히 하려면 어떻게 하는가. 그 선결조건이 또 있다. 그것은 이 도덕적 동기를 성실히 하기 위한 기초 지식이나 지혜가 있어야 된다는 것이다. 그래서 『대학』의 저자는 뜻을 성실히 하려면 먼저 '지知를 이르게 함(致知)'의 단계가 있어야 한다고 보았다. 이렇게 지를 이르게 하려면 또 어떻게 해야 하는가. 여기서 『대학』에서 말하는 최초의 선결조건이 나온다. 즉 '물을 격格함(격물格物)'이다.[5] 이렇게 해서 『대학』에서의 내면의 문제는 '격물格物', '치지致知', '성의誠意', '정심正心'의 연쇄적 개념에 따른 연쇄논법으로 설명된다.

이처럼 『대학』에서는 천하에 밝은 덕을 밝히기 위해서 단계적으로 거슬러 올라가면서 각 단계마다의 선결조건을 말하고 있다. 그것은 명명덕어천하(평천하), 치국, 제가, 수신, 정심, 성의, 치지, 격물의 8단계이다. 이 8단계는 군자가 명명덕어천하의 '대동'을 향해 나아가는 프로젝트다. 군자의 프로젝트가 목표에 도달하여 성공하였음은 곧 사회가 이상적 사회인 대동사회에 이르렀음을, 인간상은 이상적 인간상인 성인에 이르렀음을 말한다. 그런데 천하에 밝은 덕을 밝혀 천하를 화평하게 하려면 그 도덕주체가 밝은 덕을 밝힐 수 있는 수양이 이루어져야 한다.

이 수양은 내면의 인격 완성이다. 8단계 프로젝트 중 이 내면의 인격을 완성하는 부분이 곧 격물, 치지, 성의, 정심의 단계이다. 그리고 이 인격 완성의 공효功效가 세상에, 사회에 드러남이 수신, 제가, 치국, 평천하의 단계이다. 전자의 4단계는 수기修己의 단계이고, 후자의 4단계는 치인治人의 단계이다. 이처럼 크게 두 가지의 대단계로 구분할 수 있지만, 사실상 중간의 수신은 8단계 중의 근본이고 핵심이다. 격물, 치지, 성의, 정심은 수신의 세분화이고, 제가, 치국, 평천하는 수신의 확장이다.

이 프로젝트의 가장 근본이고 핵심이며 관건은 수신이

다. 이 수신이 이루어져야 궁극적으로 '대동'을 이룰 수 있다. 『대학』에서 말하는 이 수신의 내면적 단계든, 이 수신이 평천하에 이르는 공효의 단계든, 이 8단계의 과정은 인간 사회의 경영을 뜻하는 인도人道를 말하는 것이다. 그런데 어떤 이론의 철저성은 그 본질에서 유래한다. 유가사상에서는 인도가 유래한 본질이 있으며, 이 본질에 소급해서 말해야 인도를 완전하게 할 수 있다고 여겼다.

그렇다면 이 인도의 본질은 무엇인가. 유가사상에서는 그것을 인간뿐 아니라 모든 존재의 본질을 말하는 천도天道에 두었다. 그래서 『대학』의 인도는 천도를 요청한다고 할 수 있다. 이 천도를 말하며, 천도와 인도의 관련성을 말하는 유가의 문헌이 바로 『중용』이다. 『중용』은 천도로서의 존재의 본질만을 말하는 것은 아니다. 동시에 이 본질이 인간 삶에 구현되는 이치를 말한다. 그것이 곧 『중용中庸』이 말하는 '중용中庸'이다.

앞에서 말한 요임금, 순임금, 우임금은, 유가사상의 이론 토대에 따라 말한다면, 이 '중용'으로 천도를 인도에 구현하려 한 임금들이다. 『중용』에서는 하늘의 원리를 '성誠'이라 한다. 진정한 정치는 이 천도인 '성'을 인도로 삼아 인간세상에 실현하는 것이다. 그것을 '성지誠之'라 하였다. 요, 순, 우는 그 실천의 모범자들이다. 『중용』에서 말하는 하늘의 원리 '성誠'을 인간의 원리로 삼아 실천함은 이 태도로 삶을 살아감이다. 이 '성誠'의 글자 뜻은 '성실함'이지만, 이 태도로 삶을 살아감은 단순히 성실한 삶만을 의미하는 것은 아니다. 옳고 타당하며 적절한 삶이기도 하다. '옳고 타당하며 적절함'은 도덕주체인 '마음(心)'의 표준이며, 그 주체가 실천행위를 할 때의 행위의 표준이기도 하다. 이 마음의 표준이 『중용』에서 말하는 '중中'이다.

요임금이 순임금에게 천자의 자리를 선양할 때 말한, 정치의 대원칙 한마디가 있다. 그것은 '진실로 그 중을 잡으시오(允執厥中)'이다. 정치의 대원칙이 곧 '중中'이라는 것이다. 이후 순임금도 우임금에게 천자의 자리를 선양할 때 역시 이 말을 하였다. 다만 몇 마디가 더 추가되었다. "사람의 마음은 오직 위태롭기만 하고, 도의 마음은 오직 미세하기만 하니, 오직 정밀하고 한결같이 집중하여, 진실로 그 중을 잡으시오(人心惟危, 道心惟微, 惟精惟一, 允執厥中)." 『중용』에서 말하는 '중용'의 이치를 '중' 한 글자로 집약한 것이다.

이 '중'은 도덕주체의 행위 표준이기도 하지만, '중용'의 선험적 표현이기도 하다. 그 경험적 표현은 『중용』에서 '화 和'라는 한 글자로 말한다. '중'과 '화', 이 두 글자는 『중용』의 정수이다. 이 정수를 핵심으로 하여서, 『중용』은 그에 연관한 주변 철학 개념을 구조화하여 그 철학 이론을 구성한다.

지금까지 말한 내용은 앞으로 말할 내용의 개략적인 예고여서 독자들은 아직은 이해하기 어려울 것이다. 그러면 이제 이상의 내용을 구체화하는 『중용』의 철학세계로 여행해 보자.

문헌『중용』에 대한 소개

『중용』은 원래『예기禮記』49편 중의 제31편, 즉『예기』「중
용」편이었다.[6]「중용」편은「대학」편과 함께『예기』속 여타
의 편들과는 다른 성격의 글이라는 이유로 특별한 주목을
받았다. 그래서「중용」편은「대학」편이 그랬듯이『예기』로
부터 단행본으로 독립되어 중요한 유교경전이 되었는데,
별도로 다루어지기 시작한 것은「대학」편보다 앞선 한대漢
代부터로 보는 견해가 있다.『한서漢書』「예문지藝文志」에「중
용설中庸說」두 편,『수서隋書』「경적지經籍志」에 남북조시대南北
朝時代의 송宋나라 사람인 대옹戴顒의「중용전中庸傳」두 권, 양
무제梁武帝의「중용강소中庸講疏」한 권이 적혀 있음을 그 근거
로 드는 학자들이 있기 때문이다.

　그 후 당대唐代에 이고李翱(772~841, 자字는 습지習之)가「대학」
과 더불어「중용」을 중시하였지만, 본격적으로 크게 주목
받은 것은「대학」의 경우와 마찬가지로 북송대에 들어와서

라고 할 수 있다. 북송의 사마광司馬光(1019~1086, 자字는 군실君實, 세칭 속수涑水 선생)은 「중용」에 대해서 『중용광의中庸廣義』를 지어 『중용』으로서 독립적으로 다루었다(그는 「대학」에 대해서도 『대학광의大學廣義』를 지었다). 하지만 『중용』이 진정으로 유가 철학의 역사에서 중요하게 자리매김한 것은 역시 북송대의 학자인 정호程顥(1032~1085, 자字는 백순伯淳, 세칭 명도明道 선생)·정이程頤(1033~1107, 자字는 정숙正叔, 세칭 이천伊川 선생) 즉 이정二程 형제에 의해서였다.

이 두 형제와 이들을 이은 남송의 주희(1130~1200, 자字는 원회元晦·중회仲晦, 호號는 회암晦庵·회옹晦翁)는 '중용'을 공문孔門에서 전수된 심법으로 선언하고 『중용』을 매우 중시하였다. 주희는 이 『중용』에 대해서 『중용장구中庸章句』, 『중용혹문中庸或問』을 짓고 『논어』, 『맹자』, 『대학』과 함께 '사서'로 삼아, 유교경전을 '오경五經' 위주의 상황에서 '사서四書' 위주의 상황으로 만들었다. 『중용』은 특히 오경 중의 『주역』과 더불어 송대 이학理學(한국에서는 흔히 성리학性理學이라 일컫는다)의 형이상학과 심성론 체계에 중요한 역할을 하였다. 『중용』에 대한 중시는 이 이학뿐만 아니라 이후 심학心學에서도 이어져,

『중용』은 유가철학의 핵심이 되었다.

　그렇다면 이러한 『중용』의 저자는 누구일까. 이 문제는 학술사에서 지금껏 논란이 있어 왔다. 유가철학사에 있어서 『중용』의 저자는 일반적으로 공자의 손자인 공급孔伋(B.C.483?~B.C.402?, 자字인 자사子思로 주로 알려짐) 즉 자사子思로 알려져 왔다. 학자들은 그 근거로 한대漢代의 사서史書인, 사마천司馬遷(B.C.145~B.C.86, 자字는 자장子長)의 『사기史記』「공자세가孔子世家」에서 자사가 「중용」을 지었다 했고, 당대唐代에 공영달孔穎達(574~648, 자字는 중달仲達) 등이 임금의 지시로 『오경정의五經正義』를 편찬하였는데, 그중 『예기정의禮記正義』에 인용된 한대 정현鄭玄(127~200, 자字는 강성康成)의 「예기목록禮記目錄」 부분에, 공자의 손자 자사가 「중용」을 지어 성조聖祖의 덕德을 밝혔다고 한 것 등을 든다.

　그리고 『한서漢書』「예문지藝文志」 '제자략諸子略'의 유가류儒家類에 『자사자子思子』 23편이 적혀 있고, 『수서隋書』「음악지音樂志」에는 양梁나라 심약沈約(441~513, 자字는 휴문休文)의 말을 인용, 『예기禮記』 중의 「중용中庸」・「표기表記」・「방기坊記」・「치의緇衣」의 편들은 모두 『자사자子思子』에서 취한 것이라 했다.

그러나 『자사자』의 내용이 어떤 것인지는 알 수가 없고, 또 「중용」과 『자사자』가 실제 내용상 어떤 관련성이 있는지도 알 수 없다. 그래도 유가의 학술사를 통해 『중용』이 자사의 저술이라는 것이 통설이 되어 왔다.

그러나 청대清代에 이르러 문헌 고증考證을 중시하는 고증학考證學이 일어나 이전 문헌의 저자 문제가 연구 대상이 되면서, 『중용』의 저자 문제도 표면에 떠올랐다. 『순자荀子』 「비십이자非十二子」편에서 자사와 맹자(B.C.372?~B.C.289?, 본명은 맹가孟軻, 자字는 자여子輿·자거子車)를 연결(子思唱之, 孟軻和之. … 子思孟軻之罪也)하여 거론한 것처럼, 이전부터 흔히 자사와 맹자를 '사맹학파思孟學派'라 일컬으며 이 두 사람을 연관시키고, 또 맹자가 자사의 문인에게서 배웠다고 말하여 왔다. 그렇지만 당시 최술崔述(1740~1816, 자字는 무승武承, 호號는 동벽東璧)은 『중용』이 『맹자』 이후에 나온 것이라 주장했다. 또 『중용』에는 산山의 이름으로서 '화악華嶽'(지금의 섬서성陝西省 화음현華陰縣)이 나오는데, 최술보다 앞서 당시 문인 원매袁枚(1716~1797, 자字는 자재子才이고, 호號는 간재簡齋)는, 노魯나라(지금의 산동성山東省 일대) 출신인 자사는 노나라 지역의 태산泰山

을 거론하지 '화악'을 거론할 확률이 적음을 들어 『중용』의 자사저작설을 의심했다.

또 그 후 유월俞樾(1821~1906, 자字는 음보蔭甫, 호號는 곡원曲園)은 『중용』의 뒷부분 내용 중 "지금 천하는, 수레가 궤軌를 같이하고, 글은 문자가 같으며, 행동은 윤리를 같이한다(今天下, 車同軌, 書同文, 行同倫)"(『중용』「제28장」)는 말을 근거로, 이는 춘추전국시대 상황이 아닌, 진秦이 당시 중국 천하를 통일한 후인 진시황 때의 상황이라 보고, 『중용』은 자사가 살던 때가 아닌 통일 후의 진대秦代에 쓰여진 책이며, 『중용』은 당연히 자사의 저작이 아니라고 주장했다. 이러다가 마침내 현대에 이르러 후스胡適(호적, 1891~1962), 첸무錢穆(전목, 1895~1990) 등의 학자들의 주장처럼 『중용』은 진·한대秦漢代 사이에 이름을 알 수 없는 누군가가 쓴 저술이라는 견해가 있게 되었다(『대학』의 경우도 이런 주장이 있다).

그런데 1993년 10월 중국 후뻬이湖北(호북)성省 징먼荊門(형문)시市 인근 곽점郭店 1호號 초묘楚墓에서 여러 부장품과 함께 고문서를 담은 다량의 죽간竹簡이 발굴되었다. 이 지역은 전국시대 초楚 문화의 중심 지역으로서, 당시 초나라 귀족묘

지가 있던 곳이다. 그리고 그 남쪽으로 약 9km 거리의 지역은 바로 초나라의 당시 도성都城이던 기남성紀南城이 있던 곳이다. 여기서 나온 죽간을 '곽점초묘죽간郭店楚墓竹簡(줄여서 곽점초간郭店楚簡)'이라 부르는데, 여기에 기록된『중용』에 관한 자료들을 근거로 요즘 다시 '중용자사저작설'의 타당성을 주장하는 학자들도 있다.

또 '곽점초간'은『중용』에 관한 또 다른 문제와도 관련 있는데, 그것은 이전부터『중용』이 원래 두 부분의 글이라는 견해에 대한 것이다. 즉『예기』의 한 편으로 전해진 현행의 『중용』은, 그 전체 내용으로 보아 원래 두 편의 글이『예기』에 수록될 때「중용」편 하나로 통합된 것이라는 견해다. 이 견해는 일찍이 남송의 왕백王柏(1197~1274, 자字는 회지會之 또는 백회伯會, 호號는 노재魯齋. 주희朱熹의 재전제자再傳弟子)에 의해 제기된 것인데, 현대 일부 학자들도 이렇게 주장하고 있다. 그런데, 근래에 와서 '곽점초간'의『중용』에 관한 자료의 구성에서 이 근거를 찾아, 이 견해에 더욱 무게를 두는 학자들도 있게 되었다.

그래서『중용』의 저자에 관한 문제와『중용』내용의 원

래 구성에 관한 문제를 종합하여 생각해 보면, 현행『중용』
의 저자가 한 사람이 아닐 수가 있다는 것이다. 즉, '중용'
에 관한 사상을 가진 최초 저자의 작품에 그 직접적 제자
또는 유가 후학들의 견해가 누적되어 첨가되었을 가능성
이 있다는 것이다. 이러한 측면은 도가철학서『장자莊子』를
비롯한 제자백가시대의 다른 저술에도 있는 일이다.『중
용』에는 '공자'의 말이라면서 인용된 글이 많다. 물론 이것
도 어떤 사람은 공자의 말이 아니면서 공자에 가탁假託한
것이라고 하니 명확하지는 않다. 그렇지만 공자가 '중용'에
관한 사상을 가졌음은『논어』등 다른 문헌을 볼 때 명확
하다.

그래서 이렇게 말해 본다. 원래 '중용'은 공자의 사상인
데, 그 사상이 먼저 그의 제자 증자曾子(B.C.506~B.C.436, 본명
은 증삼曾參, 자字는 자여子輿)에게 전해졌다. 왜냐하면 공자와
자사 사이에 증자가 있기 때문이다. 그래서 증자를 통해 공
자의 손자인 자사에 전해지고, 또다시 진·한대까지의 그
후학들에게까지 전해지면서 내용이 여러 차례 추가되었을
것이라고. 그렇다고 해도, 현행『중용』의 어느 부분이 언제,

누구에 의해 추가되었는지는 알 수가 없는 것이다. 물론 이런 가설 자체도 어차피 불명확하다. 그래서 이 책에서는 가급적 그 저자를 『중용』의 저자'로 말하려 한다.

제1장
인도人道의 『대학』에서
천도天道의 『중용』을 요청하다

유교학술사에서 통상 『중용』과 짝을 지어 함께 거론되는 『대학』은 인간이, 특히 위정자가 자신을 중심으로 펼쳐지는 인간관계, 즉 집안, 나라, 천하의 공동체 속의 인간관계를 어떻게 대하고, 관리하고, 경영할 것인가를 말한다. 그래서 그중 가장 모범적이고 이상적인 답안을 찾으려 한다. 이 과정을 『대학』에서는 제가齊家, 치국治國, 평천하平天下로 이야기한다.

『대학』은 이러한 집안, 나라, 천하라는 공동체 경영의 관건을 도덕주체에서 찾았다. 즉 도덕주체로서의 자기 자신의 인격을 모범적이고 이상적으로 만듦에 바람직한 공동체 운영의 답이 있다는 것이다. 그래서 공동체 운영의 바른 답을 얻기 위해 '수신修身'을 근본으로 삼았다. 그런데 이 수신의 선결조건을 '정심正心'에 두고, 또 이 '정심'의 선결조건을 '성의誠意'에 두며, 이 '성의'의 선결조건을 '치지致知'에, '치지'의 선결조건을 '격물格物'에 두는 연쇄적 과정을 이야기한다. 이 과정은 결국 도덕주체의 도덕성 함양을 말한다.

『대학』에서는 이 도덕주체가 곧 '심心' 즉 '마음'이고, 이 도덕주체 '심'이 도덕행위를 하려는 순간 일어나는 도덕적 동기를 '의意' 즉 '뜻'이라 하였다. 그런데 바로 이 '뜻'을 어떻게 정하느냐에 따라서 이후의 모든 행위에 영향을 미치는 선악의 문제가 발생한다. 즉, '호리지차毫釐之差, 천리지실千里之失', 아주 미세한 차이가 천 리의 큰 틈을 만들어 버리듯, 도덕적 동기인 '뜻'이 어떠한가에 따라 그 후에 벌어지는 행위의 도덕적 차이가 크게 벌어질 수가 있다는 것이다. 그래서 처음 도덕동기가 일어나는 순간 우리의 도덕주체를 단속해야 한다.

그런데 우리 인간에게는 이러한 도덕동기가 어떠한가에 따라서 결과적으로 왜 이러한 큰 도덕의 문제가 발생하게 될까? 그것을 철저히 규명하려면, 그러한 문제가 일어나는 근원으로 돌아가 보아야 근본적 이유를 알 수 있을 것이라고 유가철학에서는 진단한다. 그 근원은 어디에 있는가. 그것은 우리 인간 도덕주체의 본질에 있다고 본다. 그래서 유가철학에서는 도덕주체의 본질 문제에서 이러한 근원에 대한 탐색을 시작해야 한다고 하는 것이다.

그러면, 이 도덕주체의 본질이 무엇인가. 유가철학에서는 그것을 '성性'이라 한다. 우리가 '본성本性'으로 풀이하는 말이다. 그런데 이 '성'은 어디에서 왔는가. 『중용』은 그것을 하늘이 부여하였다고 가장 첫머리에서 선언한다. 『중용』의 첫마디 "천명지위성天命之謂性" 즉 "하늘이 부여한 것을 성이라 이른다"는 명제이다. 『중용』의 짝인 『대학』은 '사람의 길'인 '인도人道'를 중심으로 말하였다. 즉 사람이라는 존재가 자신을 중심으로 남과 관계 맺고 사회를 구성하여 그 사회를 이끌어 가는 길인 대원칙을 논하였다. 그런데 『대학』의 입장에서는 그 대원칙을 철학적으로 천착함에 있어 그 본질적 유래를 따지고 들어가면서 그 존재의 근원으로 파고 들어가야만 할 당위성에 봉착한다.

유가철학에서는 모든 존재의 근원을 '하늘(天)'로 본다. 그래서 『대학』의 인도人道가 '하늘의 길'인 '천도天道'를 요청하게 되는 것이다. 이렇게 천도를 말할 경우, 천도와 인도의 관계를 설정하는 임무를 바로 『중용』이 맡게 된다. 『중용』은 앞으로 말할 '중용'이라는, 인간의 삶에 있어서 균형 잡힌 행위의 기본 원리를 말하면서, 그 원리를 하늘과의 관계 속에서 찾으려 한다. 그럼으로써 『중용』은 고대 유가사상에서 천인관계를 축으로 하는 기본 철학체계를 마련하는 데 기여하였다.

『중용』의 짝인 『대학』의 사상이 『중용』의 사상을 요청하는 것은, '나'라는 인간주체에서 시작된 가족공동체가 천하까지 확대되고, 더 나아가 천지우주만물의 영역까지 확대되는 의의도 가진다. 즉, 『대학』에서는 '나'로부터 시작하여 '집안', '나라'를 거쳐서 '천하'까지를 '나'를 중심으로 한 확대된 가족공동체로 삼는다. 그런데 이런 생각도 해 볼 수 있다. 기왕 '천하'를 집안처럼 봤으면, 더 나아가 '천지天地', '우주宇宙'까지 '나'와 '나의 집안'으로 볼 수는 없을까. 이후 유가철학사에서 실제로 그런 사상이 나왔다. 북송北宋의 장재張載(1020~1077, 자字는 자후子厚, 세칭 횡거橫渠 선생)는 '천지'를 한 집안으로 보고, 남송南宋의 육구연陸九淵(1139~1193, 자字는 자정子靜. 호號가 상산象山이어서 흔히 육상산陸象山이라 일컬음)은 자신의 일과 우주의 일을 동일시하기까지 했다. 이러한 사상들은 바로 천인관계를 기본 틀로 하고 있다. 그들뿐 아니라 사실상 송대 유가철학자들의 일반적 경향이 그러하다. 이러한 사고에 기여한 고대 유가문헌 중 대표적인 것이 『주역周易』 그리고 지금부터 이야기할 『중용中庸』이다.

제2장
'중용中庸'이란 무엇인가

　『중용』이라는 책을 탐구하기에 앞서 우선 '중용中庸'이란 무엇을 말하는지 생각해 보자. 우리는 일상생활에서 '중용'이라는 말을 쓸 때가 많다. 이렇게 '중용'이라는 말을 쓸 때, 우리는 그것을, 인간이 어떤 행위를 할 때 한쪽으로 치우친 행동을 하지 않고 중간적인 입장을 취하는 것이라고 막연하게나마 일상적이고 평범한 정의를 내리기도 한다. 그만큼 복잡한 세상에서 편협하고 치우친 행위를 하는 경우가 많기 때문이다. 우리가 삶에서 겪는 수많은 일을 처리하면서 지나고 나면 후회하는 경우가 많다. 아! 그때 너무 지나쳤구나, 너무 나가지 말았어야 했는데 하는 지나침에 대한 후회도 있는가 하면, 아! 그때 좀 더 노력했어야 했는데, 그 정도면 될 줄 알았는데 부족했구나 하는 한탄도 있다.

이처럼 자신의 행위에 대한 반성이나, 나아가서 다른 사람의 행위에 대한 충고 또는 비판 등 나에 관한 것이든 남에 대한 것이든 인간행위의 기본 원칙을 두고 너무 지나치지도 않고 너무 모자라지도 않는 행위를 적절한 행위로 생각하고, 이러한 것을 '중용'이라 부르면서 그 상식적 정의를 내린다. 우리에게 일상적으로 익숙한 말인 '중용'의 사상은 유가사상에서는 하나의 문헌 『중용』에 담겼고, 이 문헌은 유가사상이 유교화된 후에는 '경전經典'으로 존중받았다.[7] '중용'은 유가사상이 발생한 중국에서만 이야기된 것은 아니다. 서양에서도 이야기된다. 영어로 표현할 때 흔히 'golden mean'이라 하는 '중용'. 서양철학자 아리스토텔레스Aristoteles(B.C.384~B.C.322)도 '중용'을 강조했음은 아주 상식적인 이야기다.

그러면 이러한 '중용'이란 무엇일까. 그중에서도 이 책에서 이야기하려 하는 유교문헌 『중용』에서 말하는 '중용'은 과연 무엇일까. 위에서 '중용'은 평범하게는 '너무 지나치지도 않고 너무 모자라지도 않음'이라고 정의된다고 했다. 사실 '중용'은 이전에 이렇게 정의되곤 했다. 북송의 정이 程頤는 "치우치지 않음을 '중中'이라 하고, 바뀌지 않음을 '용庸'이라 한다"고 하였다. 이의 연장선상에서 주희는 『중용장구』의 첫머리에서 "'중용'이란 치우치지도 않고 기대지도 않으며, 지나침도 미치지 못함도 없으면서(과불급過不及이 없으면서) 평상인 이理다"[8]라고 정의하였다.

주희가 말한 '지나침도 없고 미치지 못함(즉 부족함)도 없다'는 것, 즉 '과불급過不及이 없다'고 말하는 상태를 현실상의 행위에서 실천한다면 그것은 어떻게 하는 것일까. 많은 사람들이 가운데를, 중간을 생각한다. 한자의 '중中'이란 의미가 그런 생각을 더욱 부채질한다. 그렇다면 중치로 하는 게 '중용'인가? 어떤 학생이 한 반에서 중간 석차가 된 성적표를 부모님께 내밀고 '중용'을 지켰다 할 수 있는가?

만약 수학적 중간(대수학적이건 기하학적이건)을 지키는 것이 '중용'이라면 '중용'은 현실에서 실천하기가 차라리 쉬울 것이다. 계량화될 수 있으니 말이다. 컵에 물을 채울 때 계량컵의 눈금만 보고 컵의 중간만큼만 채우듯 하면 될 것이다. 참 쉽다. 눈금 보듯이 정확하게는 안 된다 하더라도, 대략 중간만이라도 지향하면 된다면, 그래도 크게 어렵지 않을 것이다. 그런데 공자는, 이후 이야기하겠지만, '중용'이란 어려운 것이라 하였다. 왜일까.

만약 '중용'이 중간을 실천하기만 하면 되는 것이라면, 현실에서 어떻게 하는 것이 될까? 좌익도 우익도 아니고, 진보도 보수도 아닌, 이 사람의 의견과 저 사람의 의견의 중간에 서는 것일까? 동쪽도 서쪽도 아니고, 남쪽도 북쪽도 아니고, 딱 중간? 여름이든 겨울이든 반소매도 아니고 긴소매도 아닌 옷을 입을까? 사랑의 표현도 미움의 표현도 중간 정도만 할까? 전쟁 중에 전장에 나가서 한참 전투 중일 때, 공격도 아니고 후퇴도 아닌 행동을 할까? 일제 강점기에 친일매국도 아니고 항일독립투쟁도 아닌 중간의 행동이 '중용'일까? 죽도 밥도 아닌 것이 '중용'일까?

'과불급過不及'이 없다는 것을 생각할 때, 이런 생각을 하곤 한다. 나사를 죌 때, 또는 나사의 장치를 이용한 수도꼭지를 잠글 때, 만일 미치지 못하게, 즉 부족하게 죄고 잠그면 나사가 쉽게 풀리고 수돗물이 흘러나온다. 그렇다고 하여 너무 힘껏 죄고 잠그면, 나사를 죄고 수도를 잠그는 목적을 달성하지 못하고, 오히려 나사나 수도꼭지의 나사 장치가 망가져 버린다. 이때 우리가 마땅히 하여야 할 일은 무엇일까. 그것은 너무 덜 죄어 풀리기 쉽게 만드는 것도 아니고, 너무 지나치게 죄어 나사가 망가지게 하는 것도 아니다. 물론 반쯤 죄거나 잠그는 것도 아니다. 그것은 바로 목적에 따라 딱 알맞게 죄는 것이다. 이것이 '중용'이다.

　'중용'은 이렇게 어떤 상황에 '딱 알맞게' 행동하는 것이다. 이렇게 하다 보면, 여러 경우에 있어서 어떤 때는 행동 결과가 외견상 중간쯤 되어 보이는 경우도 있을 수 있다. 아니 상당 부분 그런 경우가 많을 수 있다. 그러나 '중용'을 행한 결과 중간이 되는 경우는 있어도, 중간을 지향하여 반드시 '중용'을 이루는 것은 아니다.

　가장 적절하고 알맞은 경우인 '중용'이 외견상 중간으로 보이는 경우도 있지만, 어떤 때는 외견상 극단으로 보이는 경우도 있다. 예를 들어 보자. '중용'은 공자사상의 핵심이다. 그런데 공자는, "지사志士와 인인仁人은 살기 위해 인仁을 해치는 일이 없고, (오히려) 자신을 죽여서라도 인仁을 이룬다(志士仁人, 無求生以害仁, 有殺身以成仁)"(『논어論語』「위영공衛靈公」)
고 했다.

예를 들어, 이순신의 구국을 위한 '살신성인殺身成仁'의 행동, 일제의 침략에 맞서 싸웠던 독립투사들의 자기희생적 행동, 이러한 행동들은 외견상 극단적으로 보일 수도 있다. 그러나 그러한 행동이 도덕적으로 옳다면 그것은 '중용'이다. 반면 일제에 타협하고 적당히 보신하며 매국한 친일파들의 행동은 외견상 극단적이지 않은 경우가 있더라도, 때로는 중간적인 행동이라 하더라도 '반反중용'이다.

사회의 불의에 맞서 싸우면서 정의로운 삶을 살아 인류 역사의 진보를 이룬 역사상 수많은 위인들. 그들의 투쟁이 당시에는 극단적으로 보였을지라도, 만약 도덕적으로 옳은 행위였다면 '중용'이다. 반면에, 그것이 외견상 온건한 중도로 보일지라도 불의한 권력에 영합하면서 일신의 안위를 구하고 기회주의적으로 행동하여 역사를 퇴보케 한 경우 '반反중용'이다.

그렇다면 '중용'의 기준은 무엇인가. 이미 이야기한 대로 '중간'이 아니라 '알맞음'이다. 이 '알맞음'에 해당하는 유가의 도덕철학적 용어는 '의義'이다. 공자는, "군자는 의義를 밝히고, 소인은 이利를 밝힌다(君子喩於義, 小人喩於利)"(『논어』「이인里仁」)고 하였다. 그리고 또 "군자는 중용中庸이요, 소인은 반중용反中庸이다(君子中庸, 小人反中庸)"(『중용』「제2장」)라고도 하였다. 그러므로 '중용'으로서의 '알맞음'은 곧 '의'인 것이다.

앞에서 말했듯이, 공자는 자기희생을 해서라도 도덕적 진리인 인仁을 이룰 것을 주장했다. 지사, 인인, 군자는 모두 도덕실천자이다. 인仁을 이루는 현실적 실천 덕목이 '의義'다. 유가사상의 최고 덕목인 '인'은 유가적 사랑이다. 이 사랑이 현실에서 구체화될 때 그것은 '의'가 된다. '의'는 '옳음', '마땅함'으로도 해석된다. 매 상황마다 그 상황의 '옳음', '마땅함'이 있다. 이것이 바로 매 상황마다 '알맞음'으로서의 '중용'인 것이다. 그러므로 이러한 '옳음', '마땅함'인 '중용'이 때로는 결과적으로 중간이 되는 경우가 있을 수는 있지만, 반드시 중간이 되는 것은 아니다.[9]

저울을 가지고 말해 보자. 저울은 공평함, 공정함의 상징이다. 지레의 원리를 이용한 대저울로 물건의 무게를 달

때, 우리는 달려는 물건의 무게에 따라 저울추를 옮기고, 대가 평형을 이룰 때 그에 따른 눈금으로 무게를 잰다. 그 저울추를 '권權'이라 한다. 이에 대해 공평함·공정함의 원리·원칙은 '경經'이라 한다.[10] 이 '경'은 현실 속에서 그 상황에 따라 적절하게 운용되는 '권'으로 나타난다. '권'은 권력, 권세의 의미를 가지기도 하는데, 현실 속에서 그러한 것을 가지면 저울을 사용할 때 무거움과 가벼움을 적절하게, 즉 공평하고 공정하게 사용하듯이 그러한 것을 사용해야 한다는 취지다. '중용'은 이렇게 저울추처럼 현실에서 그 상황에 맞게 적절함을 유지하는 것이지 수학적 중간은 아니다.

'중용'에는 '개인적 중용'도 있고, '사회적 중용'도 있다. 『중용』은 유가의 문헌이므로 유가철학의 특성상 개인적 중용이 사회적 중용의 토대가 되고, 궁극적으로는 사회적 중용이 그 목표가 된다. 즉 『대학』의 '수신'에서의 '개인적 중용'은 '제가', '치국', '평천하'의 '사회적 중용'으로 나아가며, 그 최종목표도 '천하'라는 사회에서 이루는 '중용'이다. 즉 유가적 이상사회 즉 대동사회는 '사회적 중용'이 천하에서 실현된 사회이다. 『대학』과 『중용』을 결합하여 이야기한다면, 『대학』의 '밝은 덕을 천하에 밝힘'이란, 정치 지도자가 '개인적 중용'의 덕을 실현하여 천하의 '사회적 중용'을 달성하는 것이다. 「예운」의 대동사회란 '개인적 중용'을 달성한 '성인聖人'이 다스려 사회적 중용이 이루어진 사회인 것이다.

유가사상에서 '개인적 중용'의 달성은 '수신'으로 이루어진다. 그리고 그것의 공효功效가 천하 다스림의 이상적 상태로서의 '사회적 중용'이다. 이러한 것을 말한 것이 요堯는 순舜에게 순은 우禹에게 전한 '중용'의 심법心法이다. '개인적 중용'이 천하를 위한 '사회적 중용'으로 나타나도록 하는 이 심법으로서의 대원칙은 '진실로 그 중을 잡으라(允執厥中)'는 말로 요약된다(나중에 더 자세히 말할 것이다). 이것은 그 정치 지도자들이 수신하여 '개인적 중용'에만 그치려는 것이 아니라, 가장 큰 사회공동체인 '천하'의 '중용'을 위해서 말한 것이다.

오늘날의 '사회적 중용'은 어떠한 것일까. 이것을 '보수'와 '진보'라는 정치적 입장을 가지고 말해 보자. 지금도 현실 정치에서는 진보와 보수의 대립이 있다. 진보의 진영은 진보의 진영대로, 보수의 진영은 보수의 진영대로 자신의 진영 논리를 세상에 주장한다. 또 그 양 진영 사이에 중도를 주장하는 진영도 있다. 만일 진보만을 주장하고 보수만을 주장한다면 그러한 쪽은 '중용'이 아닌가. 그래서 중도를 주장하는 쪽이 '중용'인가. 그러면 진보와 보수 사이에서 어떻게 하는 것이 '사회적 중용'인가.

'옳음'의 문제가 곧 '중용'의 문제라 했다. 그렇다면 진보와 보수의 대립에서 어떻게 하는 것이 '옳음'으로서의 '중용'일까. 그 답은 대저울의 비유에서 찾을 수 있다. 한 사회에서 '중용'을 찾는다는 것은 결국 특정 사회의 특정 시점의 '중용'을 찾는 것이다. 그러나 그 '중용'은 무조건적인 '중간'으로서의 '중도'는 아니다. 만일 어떤 특정 사회가 특정 시점에 부당할 만큼 지나치게 진보에 더 기울어 있다면 보수 쪽으로 향하도록, 또 부당할 만큼 지나치게 보수에 더 기울어 있다면 진보 쪽으로 향하도록 대저울의 저울추를 옮기는 것이 중용이다. 만일 한쪽으로 치우침이 매우 지나치다면, 반대쪽으로 그에 상응하여 더 많이 옮겨야 할 것이다. 따라서 '중도'가 '중용'에 가까울 수도 있지만 반드시 '중용'

인 것은 아니다.

그러나 이러한 대저울의 비유는 어디까지나 비유일 뿐이다. 실제 '중용'은, 이러한 일차원의 선線과 같은 상황에서 결정되는 것이 아닌, 보다 다차원의 것이다. 특정한 사회의 특정한 시점에 진보적 정책을 펼칠 것인가 아니면 보수적 정책을 펼칠 것인가는 바로 그 특정한 시점의 상황에 따른 것이다. 이렇게 특정한 시점에 맞는 '중용'을 강조하여 '때의 중용' 즉 '시중時中'이라 부른다.

제3장

때의 중용 — 시중時中

공자는 '중용'을 말하면서 특히 그것의 시간적 의미를 강조한 '시중時中'을 말하였다. '시중'은 '때의 중용', 더 구체적으로 표현하면 '때에 맞는 중용'이다. 이 '시중'에 대해서 더 자세히 말해 보자. 일상생활을 두고 '시중'을 말한다면, 간단히 말해서 여름에 여름옷을 입고 겨울에 겨울옷을 입는 것과 같은 것으로 지극히 당연한 것이다. 만일 그 반대로 하면 지극히 비정상이 아니겠는가.

그러나 삶에 있어서, 여러 복잡다단한 일 중에서의 '시중'은 어려운 것이다. '시중'이라 해서 시간적 의미를 강조했지만, 사실상 본래 '중용'의 의미 자체에서부터 시간적인 것이 매우 중요하다. 그래서 '시중'은 '중용'을 대표하여 공간적 중용을 포함할 뿐만 아니라, 행위주체의 특정한 입장과 처지에 따른 '중용'도 포함한다. 북송北宋의 정이程頤는 '시중'에 대한 물음에 이렇게 답하였다.

'중中'이라는 글자는 가장 알기 어려운 것이므로, 말로 표현하기보다는 마음으로 통해야 한다. 그래도 잠시 말로 표현해 보면, 하나의 대청에 있어서는 그 중앙이 '중'이지만 한 집에 있어서는 대청의 가운데가 '중'이 아니고 당堂이 '중'이다. 한 나라를 두고 말한다면 당이 '중'이 아니고 나라의 가운데가 '중'이다. 이렇게 유추해 보면 알 수가 있다. 또한 초겨울에는 얇은 가죽옷을 입는 것이 '중'이지만, 한겨울에 초겨울의 가죽옷을 입는다면 '중'이 아니다. 또한, 그 문을 세 번이나 지나가면서 들어가지 않은 것은 우禹와 직稷의 때에는 '중'이지만, 누항陋巷(누추한 동네, 빈민촌)에 산다면 '중'이 아니다. 누항에 사는 것은 안자顏子의 때에는 '중'이지만, 그 문을 세 번이나 지나가면서도 들어가지 않는다면 '중'이 아니다.[11]

즉, '시중'을 말할 때의 '중'은 공간적인 측면에서도 어디를 기준으로 하느냐에 따라 다르다는 말로 운을 떼고, 우禹와 직稷의 때[12]에 천하를 위하여 일하느라 팔 년 동안 밖으로 돌아다니면서 자기 집 문 앞을 세 번이나 지나가면서도 들어가지 않은 것(우禹의 경우)과 안자顔子(공자의 제자 안회顔回, B.C.521~B.C.490, 자字가 자연子淵이라 안연顔淵으로 불리기도 함)가 누항에 살았던 것을 두고, 이 세 사람의 행동은 모두 각각의 처한 바에 따른 '중'의 행동이어서, 우와 직이 당시에 안자처럼 행동하거나 안자가 당시에 우와 직처럼 행동하는 것이 '중'이 아님을 말하였다. 처지와 때에 따라 그에 맞는 '중용'이 있다는 것이다.

정이의 이 말은 맹자의 취지를 인용한 것이고, 맹자의 취지는 공자의 뜻을 인용한 것이다. 『맹자』의 다음 말이 그것이다.[13]

우禹와 직稷은 태평한 세상을 만나 자기 집 문 앞을 세 번이나 지나갔는데도 들어가지 않았는데, 공자께서 그 점을 현명하게 여기셨다. 안자顔子는 난세亂世를 만나 누항陋巷에 거처하면서 한 대그릇의 밥과 한 표주박의 마실 것으로 살면서, 남들은 그러한 근심을 견디지 못함에도 안자는 그 즐거움을 바꾸지 않자, 공자께서 그 점을 현명하게 여기셨다.

맹자가 말하기를, "우禹와 직稷과 안회顏回는 도가 같다. 우는 천하에 물에 빠진 자가 있으면 자기가 빠뜨린 것같이 생각하였으며, 직은 천하에 굶주린 자 있으면 자기가 굶긴 것같이 생각하였다. 그래서 그처럼 급하게 하였다. 만일 우와 직과 안자가 처지를 바꾼다면 모두 그러했을 것이다. 지금 한 집의 사람들에 싸우는 자가 있어서 구하려 한다면, 비록 머리도 묶지 못한 채로 갓끈만 매고서 구하려 해도 괜찮다. (그런데) 동네 사람 중에 싸우는 자가 있는데 머리도 묶지 못한 채로 갓끈만 매고서 구하러 간다면 미혹된(지나친) 행동이니, (이 경우엔) 비록 문을 닫고 있더라도 괜찮다"라고 하였다.

禹·稷當平世, 三過其門而不入, 孔子賢之. 顏子當亂世, 居於陋巷. 一簞食, 一瓢飮. 人不堪其憂, 顏子不改其樂, 孔子賢之. 孟子曰: "禹·稷·顏回同道. 禹思天下有溺者, 由己溺之也; 稷思天下有飢者, 由己飢之也, 是以如是其急也. 禹·稷·顏子易地則皆然. 今有同室之人鬪者, 救之, 雖被髮纓冠而救之, 可也. 鄉鄰有鬪者, 被髮纓冠而往救之, 則惑也, 雖閉戶可也."

— 『맹자』「이루離婁하下」

앞에서 보수와 진보, 그리고 그 사이의 중도의 정치 입장에 대해 말한 바 있다. 그리고 무엇이 '중용'인가도 말하였다. 이와 비슷한 논리가 『맹자』에도 있다. 맹자는 이렇게 말한 바 있다.

양자楊子는 '위아爲我'의 입장을 취하여 하나의 털을 뽑아서 천하를 이롭게 할 수 있다 해도 하지 않았다. 묵자墨子는 '겸애兼愛'의 입장에서 머리 꼭대기에서 발끝까지 온몸을 희생해도 천하를 이롭게 할 수 있다면 하였다. 자막子莫은 '집중執中'의 입장인데, '집중'은 도에 가깝지만, '집중'함에 '권權'[14]이 없다면 '집일執一'(한 가지를 고집함)이나 마찬가지다. '집일'을 싫어하는 까닭은, 그것이 도를 해쳐, 한 가지를 들어서 다른 백 가지를 다 없애 버리기 때문이다.

孟子曰: "楊子取爲我, 拔一毛而利天下, 不爲也. 墨子兼愛, 摩頂放踵利天下, 爲之. 子莫執中, 執中爲近之, 執中無權, 猶執一也. 所惡執一者, 爲其賊道也, 舉一而廢百也."

— 『맹자』 「진심盡心상上」

난세로 일컬어졌던 춘추전국시대 당시 중국 천하를 어떻게 하면 바로잡을까 하는 문제에 지식인들의 입장 차가 있었다. 그것이 제자백가諸子百家 사상의 다양성으로 나타났다. 전국시대였던 맹자 당시에 이들의 입장 차 중 처세태도로서의 현실 참여의 정도 차가 크게 부각되었다. 이 입장 차의 측면에서 거론될 수 있는 대표적 학파가 유가儒家, 묵가墨家, 도가道家이다. 우선 묵자墨子 즉 묵적墨翟(B.C.480?~B.C.390? 또는 B.C.479?~B.C.381?)의 묵가는 극단적 현실 참여이다. 온 몸을 던져 희생하더라도 천하에 이롭다면 그렇게 하겠다는 입장이다. '왜 서로를 사랑하지 않나', '모두 다 사랑하리' 하면서 모두 다 사랑한다는 '겸애兼愛'를 주장하였다. 그렇게 해야 천하가 구제될 수 있다고 여겼다. 그리고 그 실천을 위하여 적극적으로 현실에 뛰어들었다.

그런데 이와는 반대의 대척점에 있는 입장이 있었다. 곧 도가의 관점이다. 도가는, 모두가 세상에 너무 간섭하기 때문에 천하는 오히려 더 혼란해진다고 여겼다. 그래서 인위를 배제하고 스스로 그러한 대로(무위자연無爲自然) 두면 오히려 더 잘 다스려질 것이라고 생각했다. 그래서 현실 참여가 아니라 오히려 은둔을 선택했다. 그 선구자들이 '은자隱者'들이다. 이러한 도가의 선구자들 중에 그 당시에 부각된 인물이 양주楊朱(B.C.440?~B.C.360?, 자字는 자거子居)이다. 그는 묵적과는 반대로, 내 몸의 털 하나를 뽑아서 천하를 이롭게 할 수 있다 해도 하지 않겠다는 처세태도를 보였다. 그래서 '위아爲我주의'로 평가된다. 이 사상은 자기만을 생각하는 극단적 이기주의로 비판되기도 했지만, 사실은 그게 아니라 모두가 털 하나만큼도 세상에 간섭하지 않으면 천하는 오히려 잘 다스려질 것이라는 취지로, 즉 도가의 입장을 명료하게 강조하는 취지로 평가되기도 한다.

맹자가 앞에서 말하는 양자가 양주이고, 묵자가 묵적이다. 당시에 이 두 사상이 상당한 세력을 떨쳤던 모양이다. 그래서 맹자는 당시 상황을 "성왕이 나타나지 않고, 제후가 방자하고, 처사가 멋대로 논의하며, 양주와 묵적의 말이 천하에 가득 차서, 천하의 말이 양주로 돌아가지 않으면 묵적으로 돌아간다(聖王不作, 諸侯放恣, 處士橫議, 楊朱·墨翟之言盈天下. 天下之言, 不歸楊, 則歸墨)"(『맹자』「등문공滕文公하下」)고 말하였다. 맹자는 이 두 사람의 사상이 양극단을 이루고 있다고 여겼다. 그러면 이 양극단이 아닌 '중용'의 입장은 어떤가. 양극단의 '중간'을 취하면 되는가? 그런데 당시 실제 그런 사람이 있었다. 자막子莫이란 사람이었다.

당시에 노魯나라의 현인賢人으로 알려진 자막은, 양주와 묵적이 '중'을 잃은 양극단이라 생각하여 그 '중간'을 택하였다. '중을 잡음' 즉 '집중執中'을, 양극단을 배제한 합당한 처세로 생각했다. 그러나 맹자는, 이 '집중'이 양주와 묵적의 양극단보다는 '도에 가깝지만', 융통성 없이 기계적으로 단순한 '중간'을 취한다면, 어느 특정한 하나를 선택하는 '집일執一'이나 마찬가지라고 보았다. '집일' 즉 '하나를 잡음'은 그 하나 때문에 다른 모든 것을 없애 버려 결과적으로 '도'를 해친다는 것이다. 즉 단순한 '중간'은 '중용'이 아니라는 것이다.[15]

'보수'를 주장하는 쪽과 '진보'를 주장하는 쪽이 나뉘어 극단화되어 있다고 해서, 기계적 '중도'를 취하는 것이 반드시

'중용'인 것은 아니라는 말과 마찬가지다. 그러면 어떻게 하는 것이 옳은가. 맹자는 '권이 없는(無權)' '집중'은 '집일'이나 마찬가지라고 한다. 기계적 중도가 아닌 그때에 맞게 조절하는, 즉 저울추인 '권'으로 조절하는 중도가 되어야 한다는 말이다. 그러나 앞서 말했듯이, 이 역시 단순한 중간이 아니라 상황에 따라 그 시대가 한쪽으로 지나치게 기울어 있으면 반대쪽으로 그만큼 더 저울추를 조절해야 그 시대의 '중용'이 되는 것이다. 이것이 '시중時中'이다.

'시중'은 결국 때에 따라 그 행위가 다를 수 있다는 것이다. 위에서 말한 현실 참여 입장에서 유가의 입장이 곧 그것이다. 묵가와 도가, 묵적과 양주의 입장이 양극단이라면 유가의 현실 참여 입장은 어떤가. 유가의 처세 입장은, 자막 같은 기계적 중간이 아닌 '시중'으로서, 그것은 나아갈 상황이면 나아가고 물러나야 할 상황이면 물러나는 것이다. 즉 '진퇴進退'를 때에 맞춰 하는 것이다. 그런데 여기서 의문이 있을 수 있다. 때에 따라 나아갔다 물러났다 하면서 그 행위를 달리한다면 이는 곧 '기회주의'가 아닌가?

좌익과 우익의 이념 대립이 첨예했던 해방 후의 우리나

라 상황을 묘사한, 임권택 감독·하명중 주연의 1979년 영화 〈깃발 없는 기수旗手〉에 이런 장면이 나온다. 길을 가던 어떤 시골노인이 길에서 좌익청년 무리를 만나 좌익이냐 우익이냐는 물음에 우익이라고 대답하자 구타당하고, 우익 청년 무리를 만나서는 좌익이라 했다가 구타당하고, 또 일단의 청년 무리를 만나서는 망설이다가 좌익도 되고 우익도 된다 했다가 '기회주의'라고 구타당한다.

극단이 설치는 세상은 그 극단 속에 자막子莫 방식의 기계적 중간의 중도도 있게 되는가 하면, 어느 한쪽에 서지 않으면 극단에 의해서 '기회주의'로 매도당할 수도 있다. 그러나 실제로 기회주의도 있다. 그러면 '중용' 특히 그중에서도 '시중'과 '기회주의'는 어떻게 다른가. 그 구분 기준은 지극히 명확하다. 바로 '의義'와 '이利'이다.

'시중'은 때에 따라 행동이 다를 수 있지만 그 기준은 어떤 특정 상황에서 무엇이 '의義로운가' 즉 무엇이 '옳은가'에 따라 행동하는 것이다. '기회주의' 역시 때에 따라 행동이 다를 수 있는데 그 기준은 바로 무엇이 '이利로운가' 즉 무엇이 '이익인가'에 따라 행동하는 것이다. 유가에서 말하는바 때에 따라 세상에 나아가거나 물러나거나 하는 것은 그 기준이 '의'에 있다. 즉 천하에 도가 행해지면 세상에 나아가지만, 천하에 도가 행해지지 않으면 물러나 자신을 수양할 따름이다.

그리고 앞의 정이程頤의 '시중'에 대한 견해에서 알 수 있듯이, '중용'이란 각자가 처한 위치, 입장, 역할에 따라 다르다. 그래서 '중용'은 모두에게 일률적이지 않다. 예컨대 A와 B가 그 처한 상황이 같다 하더라도 두 사람의 역할이 다르다면 각자가 행할 '마땅함'은 다르다. 공자의 정명론正名論으로 예를 들어 보자. 임금과 신하와 아버지와 아들이 동일한 상황에서 각자가 행할 마땅함은 다르다. 각각의 '~다움'이 다르므로 각자의 '중용'이 다르다는 이야기다. 대통령과 총리와 장관의 역할이 다르므로 그들 각각의 '중용'도 다르다. 교사와 학생과 구청공무원과 경찰관과 소방대원과 군인과 의사와 변호사와 기업가와 노동자와 상점주인과 아나운서와 기자와 기장과 선장과 ….

이 세상 사람들은 각기 맡은 역할이 다르다. 따라서 그들의 '중용'도 다르다. 일제 침략하에서 독립을 위해 분투하던 사람들도 각각의 역할에 따라 그 '중용'이 다르다. 문인은 붓과 펜으로, 무인은 칼과 총으로 독립투쟁을 할 것이다. 어떤 이는 독립운동자금을 모아 공급함으로써 독립운동을 할 수도 있고, 어떤 이는 아직 계몽되지 못한 민중들을 깨우치기 위해 교육 사업을 통해 독립운동을 할 수도 있다.

이렇게 '중용'은 결국 행위주체가 누구이며 어떤 상황에 처해 있는가에 달려 있다. 그래서 '중용'을 가장 근본적인 의미에서 밝혀 보려면 행위주체의 '~다움'에서 시작해야 할 것이다. 어떤 존재의 '~다움'은 그 존재의 본성에 속한다. 임금이 임금다움, 신하가 신하다움, 아버지가 아버지다움, 아들이 아들다움에서 '~답게' 행동하는 것은 그 본성에 따라 행동하는 것이다. 이 본성이 곧 '성性'이다. 각 개별적 인간 존재의 개별성에 따른 '중용'은 우리가 현실 속에서 찾아야 할 가장 실제적인 '중용'이다.

그렇지만 '중용'의 철학적 원리를 따지려면 그러한 개별성을 넘어선 보편성에서 출발해야 한다. 개별성은 그 보편성에 근거하여 있기 때문이다. 즉 도덕주체로서의 보편적 인간이 우선하고, 그다음 개별적 존재인 임금, 신하, 아버지, 아들 등등이 있기 때문이다. 그래서 각 개별적 존재는 보편적 인간성 즉 '인간다움'을 손상하지 않는 범위에서 그 개별적 존재로서의 각각의 '~다움'이 있는 것이다.

이 때문에 『중용』에서는 이 '중용'의 본질적 의미를 탐구하기 위해서 먼저 보편성으로서의 본성에서 출발하였다. 즉 인간에 있어서 개별성 이전에 인간 그 자체의 본성에서 출발하였다는 말이다. '중용'을 철학적으로 규명하기 위해서다. 그래서 '중용'을 추구하는 도덕주체의 인간의 본성, 즉 '인간다움'에서 '중용'의 철학적 토대를 세운다. 『중용』 첫머리에서 가장 먼저 이 본성 즉 '성性'의 문제를 제기함은 이 때문이며, 이 '성'은 결국 도덕주체인 인간의 본성인 '인성人性'이 그 핵심이 된다.

제4장
'중용'의 근원적 의미

하늘이 명한 것을 '성性'이라 하고, '성'을 따르는 것을 '도道'라 하고, '도'를 닦는 것을 '교敎'라 한다.

天命之謂性, 率性之謂道, 修道之謂敎.

— 『중용』「제1장」[16]

『중용』 첫머리에 나오는 위 명제들은, '성性', '도道', '교敎' 세 개의 개념을 정의하고 있다. '성性', 이것은 유가철학에서는 고대로부터 그 학술사에 있어서 매우 중요한 철학용어이다. 특히 일반 사람들에게는 맹자의 성선설性善說, 순자荀子(B.C.313?~B.C.238?, 본명은 순황荀況·순경荀卿)의 성악설性惡說

등을 운운할 때 익히 들어 온 바이다. 물론 오늘날 일상에서 말하는 'sex'를 의미하는 말은 아니다. 일상에서 쓰이는 의미에서는 성품, 성질, 천성, 바탕 등의 의미로서의 '성性'이다. 유가철학에서의 철학적 의미로는 흔히 '본성本性'으로 쓰인다. 이때 말하는 '본성'은 어떤 존재의 고유한 '본질本質'의 의미이다. 이것은 다른 존재와 구별되는 바인, 그 존재만이 가지는 배타적 고유성이다.

어떤 존재는 여러 가지 속성들을 지닐 수 있지만 그 속성들 중에는 다른 존재도 가질 수 있는 속성도 있다. 그러나 그 속성들 중에는 그 존재를 그 존재로 일컬을 수 있는, 그 존재만이 가지고 있는 속성이 있다. 그것이 '성性'이다. 즉 그것이 없으면 그 존재라 할 수 없는, 그 존재다움이다. 공자의 정명론을 이야기할 때 임금의 임금다움, 신하의 신하다움, 아버지의 아버지다움, 아들의 아들다움을 이야기했는데, 이 '성'은 정명正名의 '명名'과도 관계되어 어떤 존재의 개념적 정의를 말하기도 한다. 이로부터 훗날 성리학性理學의 '이理'와의 연계성이 생긴다. 그 존재다움은 또 그 존재의 '덕德'으로 불리기도 한다. 이러한 논의는 한마디로 규정

할 수 없다. 왜냐하면 철학사 속에서 각 철학자의 의미규정
이 반드시 같지는 않기 때문이다.

『중용』에서는 이렇게 이 '성'을 하늘이 '명命'한 것 즉 '천명
天命'으로 정의했다. '천명'을 이야기하면 떠오르는 것이 있
다. 우선 정치적 의미에 연관되는 것이다. 중국 봉건사회에
서는 최고 통치자를 '천자天子' 곧 '하늘의 아들'이라 부르고,
이 천자가 바로 '천명'을 받아 '하늘 아래' 곧 '천하天下'를 다
스린다는 명분을 가졌다. 그래서 이 '천명'은 곧 천자의 권
력의 근원이 되는 것이었고, 그 통치권의 정당성 여부를 결
정하는 것이었다.

오늘날 민주주의에서는 모든 권력은 국민으로부터 나온
다고 하지만, 이전에는 하늘(천天), 신神으로부터 부여된다
는 관념이 있었다. 그런데 『중용』 첫머리의 선언은 획기적
인 것이다. '성性'을 철학적으로 정의하는 데 '천명'을 동원
한 것이다. 하늘이 명한 것을 '통치권'이라고 정의하지 않
고 '존재의 본성'이라고 정의한 것이다. 옛날 제정일치 사
회에는 종교와 정치권력이 결탁하였고, 제정분리의 사회에
서도 여전히 정치권력의 정당화를 위해 종교가 이용되었는

데, 천명은 이러한 배경에서 정치신학적 의미를 가졌었다. 그런데 『중용』에서는 '천명'에 이러한 의미를 배제하고 철학적 의미를 부여한 것이다. 신화적 시대에서 철학적 시대로 이행한 것임을 명확히 보여 주는 징표의 하나이다.

두 번째로 떠오르는 것은 공자가 자신의 나이에 따른 인생 역정을 회고하면서 말한 것이다. 공자는 나이 '오십五+'에 '지천명知天命' 즉 '천명을 알았다'고 했다. 만일 『중용』의 저자가 공자의 손자인 자사子思가 맞으면서도, 『중용』의 이 첫 명제는 자사 독자적으로 선언한 것이 아니라면, 할아버지인 공자의 명제를 전달했거나 그 취지를 가다듬어 명제화한 것일 수 있다. 만일 『중용』의 '성性'에 대한 정의가 공자의 사상적 영향권 속에 있는 것이라면, 공자가 오십에 '지천명'했다는 것과 관련이 있을까.

주희는 『논어』의 이 부분을 해석하면서, "천명은 곧 천도가 유행流行하여 존재물에 주어진 것으로서 바로 사물이 마땅히 그러할 수밖에 없는 까닭이 된다. 이를 알면 그 존재의 핵심을 완전히 파악하게 되어 '불혹不惑'[17]은 더 말할 필요도 없다"[18]고 하였다. 여기서 '사물이 마땅히 그러할 수밖에 없는 까닭'은 『중용』에서 천명으로 '성'을 해석함에 들어맞는다. 즉 '성'이 '사물이 마땅히 그러할 수밖에 없는 까닭'이기 때문이다.

주희는, 『중용』의 '천명'과 '성'에 대한 해석에서는 "'명命'은 '영令'과 같은 말이다. '성性'은 곧 '이理'이다. 하늘이 음양오행으로써 만물을 변화·생성시킴에 있어서, 기氣로써 형체를 이루고 이理도 거기에 부여하니 명령命令과 같은 것이다"[19]라고 하였다. 두 부분의 해석은 주희 사상체계의 핵심 부분을 간명하게 말한 것이다. 주희의 『중용』 해석 중 이 부분은 유명한 '성즉리性卽理' 명제와 그의 '이기론'을 말한 것이지만, '천명'과 '성'을 결부하는 측면에서 '성'을 정의한 것은 그의 『논어』 해석 부분이 오히려 깔끔하다.

무슨 말인가 하면, '중용'은 어떤 존재가 그 존재이기 위한 마땅함을 구체적 현실에서 가장 적절히 구현하는 상태이다. 그렇기 때문에 '사물이 마땅히 그러할 수밖에 없는 까닭'이 천명天命이고 이것이 곧 '성'이라면, 이러한 측면에서 『중용』이 첫머리에 이를 대전제로 천명闡明하는 것에 중요한 의의가 있다는 것이다. 주희의 해석은, 한참 후대의 철학적 분위기 속에서 형성된 것이지만, 『중용』의 시대만 해도 '성'과 결부하는 '천명'의 의미가 종교적, 정치적 측면에서 이미 철학적 측면으로 전환되었다는 것을 알 수 있다.[20]

'성性'은 유가철학사에서 볼 때, 맹자 시기 이후 그 선악 문제를 논하면서 본격적으로 부각되었지만, 공자 당시에도 언급되었다. 그러나 그때 그것은 막연한 표현이었다. 공자는 "성性은 서로 가깝지만, 습習에서 서로 멀어진다(性相近也, 習相遠也)"(『논어』 「양화陽貨」)고 하였다. 즉 선천적 본성은 서로 가깝지만, 후천적 경험에 의해 서로 멀어진다는 것이다. 그러나 이후 논의된 선악 문제는 말하지 않았다. 처음에 선했는데 이후 멀어졌는지, 처음에 악했는데 이후 멀어졌는지를 말이다.[21] 그런데 공자의 손자인 자사가 지었다고 하는 『중용』에서는 첫머리부터 '성'을 말하였다. 그리고 자사 계열의 철학자로 말해지는 맹자에 이르러 본격적으로 '성'을 논하였다. 그것도 성의 선악 문제를 말이다.

맹자 당시쯤에는 '성'의 선악(또는 선불선) 문제에 대한 다양한 견해가 있게 되었다. 이후 중국철학사를 통해서 볼 때 '성'의 선악 문제에 대한 다양한 견해가 나오게 되는데, 이

중 대표적인 것으로는, 맹자의 성선의 견해와 더불어, 맹자와 논쟁한 고자告子(?~?, 성姓은 고告, 이름은 불해不害)의, 성에는 선과 불선이 없다는 견해, 그리고 이후 순자의 성악설 등이 있었다. 더 이후 한대漢代에는, 성에는 선과 악이 섞여 있다는 양웅揚雄(B.C.53~18, 자字는 자운子雲)의 성선악혼설性善惡混說, 원래 선한 성을 가진 사람도 있고, 악한 성을 가진 사람도 있다는 왕충王充(27~104, 자字는 중임仲任)의 성유선유악설性有善有惡說이 있었고, 다시 그 후 당대唐代에는, 성은 태어나면서부터 이미 상, 중, 하의 세 등급으로 결정되어 있다는 한유韓愈(768~824, 자字는 퇴지退之)의 성삼품설性三品說이 있었다.

이렇게 다양한 견해가 있어 왔지만, 그 후의 성리학과 심학은 맹자의 견해를 따랐다. 이러한 성의 문제가 『중용』 첫머리에서 이야기된 이유는, '중용'이란 인간 존재의 도덕현실상의 마땅한 도덕행위이며, 이 마땅함이란 인간의 도덕 본질에서 유래하기 때문이다. 물론 '성'이란 인간뿐만 아니라 다른 존재의 본성, 본질을 말할 때도 쓸 수 있어서, '성'은 모든 존재에 해당한다고 할 수 있다. 그러나 도덕주체로서의 인간이 중심이 될 수밖에 없다.

이렇게 하늘에서 유래한 인간의 본질, 그것도 도덕본질을 거론해서 뭐하겠다는 건가. 다름 아니라 그로부터 도덕원칙을 마련하겠다는 것이다. 그것이 '도道'이다. 도는 길이다. 주희도 이를 '노路'라고 했다. 합치면 오늘날 일상어의 도로道路가 된다. 인간의 도덕본질을 벗어난 도덕원칙이란 옳지 못하고, 또 있을 수도 없다고 『중용』의 저자는 생각한다. 그 도덕본질을 따르는 것이 곧 도덕원칙이 된다.

그래서, 『중용』에서는 그다음으로 "성을 따르는 것을 도道라고 한다"는 명제를 선언한다. '성'을 따르는 것이 도덕원칙이지만, 이 도덕원칙은 지식만의 도덕원칙이 아니다. '따름(率)'이라는 실천성을 함유한 것이다. 도덕은 실천행위이기 때문이다. 이 실천행위의 모범적 모델이 곧 '중용'이다. 그래서 『중용』에서 말하는 이 도는 곧 '중용'의 도인 셈이다.

이러한 도를 이제 세상 현실에 적용해야 할 것이다. 그 측면에서 또 그다음 "도를 닦음(修)을 교教라 한다"는 명제가 나온다. 이 닦음이라는 말 '수修'는 앞의 『대학』에서 '수신修身'을 말할 때 나왔다. 수신에서의 '수'의 대상은 도덕주체였다. 그런데 여기서의 '수'의 대상은 그 도덕주체가 행할 행위의 모범인 도덕원칙이다. 수신의 '수'는 몸을 갈고닦는 연마이다. 그래서 몸의 사용능력, 그중에서도 도덕적 능력을 높이는 것이다.

'수도'의 '수'도 길을 갈고닦는 것이다. 이 역시 길을 사용할 수 있도록 길의 품질을 높이는 것이다. 단순히 길이 생기는 것은 사람이나 사물이 이동할 수 있는 공간성을 확보하는 것이다. 그러나 그 길을 닦는 것은 그 길이 제대로 된 길 구실을 하도록 포장도 하고, 안전성도 높이고, 교통 표지판도 만들어 실제적인 활용성을 구체화하는 것이다.

주희는 '수修'를 '품절品節함'이라고 했다. '품절'은 사람과 사물의 본성에 따라 마땅히 행해야 할 것을 정하고 조절하는 것이다. 여기서는 사람의 측면에 주목해야 하므로, 여기서의 도는 사람이 도덕행위를 하는 데 있어서 지켜야 할 행위원칙이다. 그런데, 이 정도로만 이야기하면 막연하고 추상적이다. 그래서 구체적인 행동 매뉴얼로 만들어야 하는데, 이렇게 하는 것이 '수修'하는 것이다.

이렇게 길을 '수'한 것을 『중용』에서는 '교敎'라고 하였다. 인간이 행해야 할 길이 구체화된 것이 곧 '교'이다. '교'라고 하니 교육적 의미로만 생각하여 '가르침'이라고만 생각해서는 안 된다. 물론 스승이 제자를 가르침도 '교'로서, '교'에는 기본적으로 교육의 의미가 있다. 그러나 여기서의 '교'는, 인간이 사회를 구성하고 그것을 정치적으로 조직화한, 『대학』의 '가', '국', '천하'를 이끌어 가는 행동 매뉴얼이다.

　국가 같은 정치공동체가 성립해도 그 피통치자가 아직 계몽되지 못하고 지식과 정보를 통치계급이 독점하던 때에는, 통치자그룹의 통치행위가 곧 피통치자에 대한 교육이기도 했다. 그래서 이 '교'라는 하나의 글자는 단순한 교육을 포괄하면서도 더 넓은 의미의 정치행위를 말한다. 그것이 구체적 행동 매뉴얼로 만들어진 것이 '교'이지만, 보다 실제화된 것은 '예禮'이다. 그래서 '수도'는 통치자의 정치행위이면서, 그 정치공동체 구성원 즉 통치그룹과 인민 백성들 각각의 역할을 담은 제도인 '예'가 되는 것이다. 주희는 이 '교'를 세분하여 '예禮, 악樂, 형刑, 정政'과 같은 것이라고 하였다. 즉 넓은 의미의 '예禮' 속에 보다 구체화된 좁은 의미의 '예禮', 이와 상호 보완관계를 가진 음악인 '악樂', 그리고 사법제도인 '형刑', 행정제도인 '정政'과 같은 것이 이

'교教'라고 보았다.

앞에서 '중용'은 각각의 행위주체가 자신의 역할과 임무에 가장 마땅한 행위를 하는 것이라 하였다. 그러므로 유교 사회에서 거론되는 '중용'의 사회적 의미는 사회 구성원이 유교적 사회질서인 '예'에 맞게 가장 이상적으로 실천하는 것이 된다. 물론 '중용'을 특정 사상이 적용되던 특정한 시대의 산물로만 치부하면 그 가치가 상당히 줄어들게 된다. 우리가 '중용'의 사상을 오늘날에도 참고하고 존중하는 것은 그러한 사상이 거론되던 시대와 지역을 뛰어넘는 보편성과 일반성을 지니고 있다고 보기 때문이다.

'중용'을 지킴에 관련되는 '예'란 개념 자체는, 『예기』라는 책 속에서 거론되며 그것을 교조적으로 융통성 없이 지키던 19세기까지의 유교전통사회의 행동규범인 그 '예'로만 볼 수는 없다. 『예기』의 내용과 같은 전통사회의 '예'의 내용이 오늘날의 '예'가 될 수는 없다. 오늘날의 '중용'은 오늘날의 '예'를 수립하여 지키는 것과 관련된다고 봐야 한다.[22]

오늘날에는 오늘날의 사회, 국가를 이끌어 가는 바람직한 행동규범이 있고, 그것을 오늘날의 '예'로 볼 수 있다. 즉 오늘날 민주사회 속의 사회 각 구성원이 자신의 위치에서 지켜야 할 오늘날의 '예'를 가장 이상적으로 적절하게 지키는 것이 곧 오늘날의 '중용'이 된다. 그리고 그것은 지역에 따라서도 특수성이 있을 수 있다. 각 문화권마다 문화적 특성이 있기 때문이다. 그러나 그럼에도 이러한 시대와 지역과 관련한 특수성에 따른 '중용'은 인류의 보편적 가치의 측면이 고려된 것이어야 할 것이다. 그 인류의 보편적 가치란 개별적 역할을 가진 모든 인간들을 포괄하는 '인간다움'에서 나온다. 그것이 '인仁'이다.

이처럼 '중용'의 도는 실제 현실 속 사회 구성원의 각자 역할에 따른 규범이다. 이것은 행위주체가 항상 따라야 하는 것으로서, 행위주체인 우리 자신과 항상 함께하는 것이다. 그러므로 이러한 현실적 주체인 우리 자신과 동떨어지고 비현실적이며 공허한 도는 진정한 도라고 할 수 없다.[23] 이에 『중용』은 이어서 이렇게 말하고 있다. "도라는 것은 잠시라도 떨어질 수 없다. 떨어질 수 있다면 (진정한) 도가 아니다 (道也者, 不可須臾離也, 可離非道也)"(『중용』「제1장」).

그런데 그다음은 이렇게 말하고 있다. "이런 까닭으로 군자는 (남에게) 그가 보이지 않는 바에서 삼가며, (남에게) 그가 들리지 않는 바에서 두려워한다. 숨어 있는 것보다 더 잘 드러나는 것은 없고, 미세한 것보다 더 잘 나타나는 것은 없다. 그러므로, 군자는 그 홀로 있을 때를 삼가는 것이다 (是故, 君子戒愼乎其所不睹, 恐懼乎其所不聞. 莫見乎隱, 莫顯乎微. 故君子愼其獨也)"(『중용』,「제1장」).

여기서는 연쇄적, 중첩적 논증을 하고 있다. 우선 "도라는 것은 잠시라도 떨어질 수 없다. 떨어질 수 있다면 (진정한) 도가 아니다"라는 명제를 전제로 해서, "이런 까닭으로 군자는 (남에게) 그가 보이지 않는 바에서 삼가며, (남에게) 그가 들리지 않는 바에서 두려워한다. 숨어 있는 것보다 더 잘 드러나는 것은 없고, 미세한 것보다 더 잘 나타나는 것은 없다"라는 결론을 끌어내었다.

이 결론 중에도 또 하나의 논증이 있다. "군자는 (남에게) 그가 보이지 않는 바에서 삼가며, (남에게) 그가 들리지 않는 바에서 두려워한다. (왜냐하면) 숨어 있는 것보다 더 잘 드러나는 것은 없고, 미세한 것보다 더 잘 나타나는 것은 없다"[24]는 논증이다. 중간에 '왜냐하면'을 넣으면 의미가 더 분명해진다. 즉 결론이 먼저 나온 것이다.

이렇게 해서 최종적 결론이 나온다. 즉, "그러므로, 군자는 그 홀로 있을 때를 삼가는 것이다(故君子愼其獨也)"이다. 결국 군자가 '신독'을 해야 하는 이유를 논증하기 위한 것이다.

먼저 '도'라는 것은, 물고기가 물을 떠나 존재할 수 없듯이 우리가 그로부터 떨어질 수 없는 것이라는 점을 말하고, 이를 전제로 하여 우리가 '도' 즉 '길'이 아니면 가서는 안 되고, 그 '길' 위를 걸어가야만 한다는 주장이다. 이 때문에, 우리는 외견상 보이지 않고 들리지 않는 상황이라 하더라도 항상 우리와 함께하는 '도'의 감시를 받고 있는 것이다. 왜냐하면, 안 보이고 안 들린다고 우리가 방심한 것이 오히려 세상에서 가장 잘 보이고 잘 들리는 것이기 때문이다.

이처럼 우리는 항상 우리와 함께하는 '도'와 일체가 되어 있기 때문에 '도'를 벗어날 수도 없고 벗어나서도 안 된다. 그러므로 우리는, 특히 도덕실천자로서의 '군자'는, 보이지 않고 들리지 않는 그 자신만이 홀로 있을 경우를 오히려 더 삼가야 한다는 논리다.

그런데, '신독愼獨'! 이것은 군자의 치열한 도덕적 삶을 단적으로 표현하는 말이다. 이 '신독'은 『대학』에도 나온다. 그래서 역시 『중용』은 『대학』과 더불어 말하지 않을 수 없는 그 사상의 연관성이 있는 것이다. 『대학』에서는 '성의誠意' 즉 '뜻을 성실히 함'의 의의를 말할 때 이 '신독'이 거론된다. 왜냐하면 '자신을 삼감'인 '신독'이라는 도덕적 동기의 철저한 점검이야말로 도덕적 동기의 순수한 선을 보장할 수 있기 때문이다. 『대학』에서는 이 '신독'을 말함에 있어서, 남이 보지 않을 때 불선을 행하다가, 남이 볼 때 특히 군자 앞에서는 위선적 행동을 하는 소인의 경우를 듦으로써 역逆으로 '신독'의 중요성을 말한다. 『대학』에서는, 소인이 자신의 불선을 감추려 하는 행태를 그 인격적 특성으로서 거론한다.

그런데 『중용』에서는 "숨어 있는 것보다 더 잘 드러나는 것은 없고, 미세한 것보다 더 잘 나타나는 것은 없다"고 말한다. 『대학』에서 말하는 소인의 행태에 대해 『중용』의 이 말을 가지고 충고, 질책하면 적절할 것이다. 『대학』에서는 또 "내면에서 성실하면(誠) 밖으로 드러난다(誠於中, 形於外)"고 하는데, 『중용』의 이 말과 연계될 수 있으며, 동시에 뒤에 나올 『중용』의 '성誠'과도 연계된다. 어쨌든 두 문헌 모두 군자가 '신독'해야만 하는 이유를 말하고 있다.

『대학』에서의 이 말은 결국 '성의'를 설명하고 그 필요성을 논증하는 것이므로, 『중용』에서 '신독'의 당위성을 말하는 대목은 『대학』의 '성의'와 연계될 수 있다. 『대학』에서는 이처럼 '성의'한 다음에 무엇을 하는가. 바로 '정심' 즉 '마음 바로 하기'를 한다. 도덕주체는 '심' 즉 '마음'이고, '의' 즉 '뜻'은 이 주체가 활동을 시작하는 시동始動과 같은 것이다.

그런데 『대학』에서는 활동하는 마음을 바로잡는 이야기를 하지, 활동하는 것이 구체적으로 어떤 것인지는 말하지 않는다. 『중용』에서는 이 마음의 활동, 그것도 그 구체적인 내용을 말한다. 마음의 활동은 어떤 내용인가. 『중용』에서 그것은 '신독'으로 그 터를 깔고 이어서 언급된다. 그 마음의 활동이란 곧 '희로애락喜怒哀樂'의 활동이다. 여기서 『중용』의 핵심인 '중화中和'가 나온다.

제5장

'중화中和' — '중용'의 정수精髓

　　우리 삶의 실제 상황에서 행위로 나타나는 '중용'의 연원은 무엇일까. 그것은 '마음(심心)'이다. '중용'은 먼저 마음의 활동에서 비롯된다. '중용'이 구현된 마음의 활동이란 어떤 상태를 말하는 것일까? 『중용』에서는 그러한 상태를 도덕 주체인 '마음' 즉 '심'의 '중中'과 '화和'로 말한다. 그래서 『중용』에서 말하는 다음의 두 명제는 '중용'이 무엇인지에 관한 핵심 중의 핵심, 그 정수精髓이다.

　　기뻐하고 화내고 슬퍼하고 즐거워함이 아직 활동하지 않은 상태를 '중中'이라 이른다. (그러한 것들이) 활동하였으되 모두 절도에 맞는 상태를 '화和'라 이른다.

喜怒哀樂之未發, 謂之中. 發而皆中節, 謂之和.

　　　　　　　　　　　　　　　　　　　 ―『중용』「제1장」

　『중용』에서 말하는 '심'의 활동은 이처럼 감정의 발동으로서의 활동이다. 그런데 이러한 감정이 아직 나타나지 않은 상태를 '중'이라 하였다. 이 '중'은 심이 그 대상을 만나지 않았을 때의 '선험적 중용'이다. 이것이 곧 순수한 '중용'이다. 그런데 이 심은, 살아 있는 한 그 대상을 만날 수 있다. 이 심이 대상을 만났을 때 어떻게 되는가. 감정이 발동하여 발현된다는 것이다. 인식 주관으로서의 심이든 도덕주체로서의 심이든 결국 감정의 발현으로 대상과 만난다. 인식 주관이 감각기관을 통해 대상을 접하면 감각자료가 주관으로 받아들여진다. 즉 대상을 접하는 주관은 감성의 측면이다.

　『중용』에서는 대상에 대해 도덕주체의 감정이 발현된다고 보았다. 그런데 이 감정이 발현되고 난 후가 문제다. 이때 현실적인 경험계 속에서의 '중용' 여부가 말해진다. 경험계 속의 '중용'은 곧 무엇인가. 다름 아닌 감정의 적절한 발현이다. 그것을 『중용』에서는 '희로애락'과 같은 감정의 절도에 맞는 발현이라고 하였다. 이것을 '화和' 즉 조화라 불렀다. 결국 실제 경험계 속의 '중용'이란 다름 아닌 감정의 문제이며, 그 감정이 조화, 하모니harmony를 이룬 것이다. '중'과 '화'로서 '선험적 중용'과 '경험적 중용'을 말한 바로 이 부분이야말로 『중용』의 정수精髓다. 앞에서 여러 가지로 '중용'을 설명하였는데, 결국 '중용'이란 주체가 감정을 올바르게 처리하는 것이다. 그것이 곧 '절도에 맞음(中節)'이다.

감정이 발현하기 전의 상태 즉 선험적 중용을 '중中'이라 했는데, 이것은 명사이다. 그런데 대상을 만난 경험적 측면에서 말하는 '중절'의 '중'은 명사 '중'이 현실에서 실현되는 측면으로 동사화한 것으로서, 중국어의 묘한 측면이다('절도節度'의 의미인 '절節'이 그 목적어이다).[25] 동사 '중中'은 '맞다', '맞추다', '맞히다'의 의미다. '적중的中', '백발백중百發百中' 등에서의 '중'의 의미다. 명사 '중' 역시 이 의미의 명사적 측면이다. 곧 '선험적 중용'의 '중'은 선험적으로 '맞음'의 상태이다. 그 '맞음'의 상태는 감정이 경험적 상태 이전에 원초적 평형을 이룬 상태이다. 이것은 경험계의 경우와는 다르다.

경험계에서의 '중용'은 평형이라기보다는 '조화'라고 『중용』의 저자는 생각한 것이다.

　지금 이렇게 감정의 '중'과 '화'를 말할 때의 그 주체는 '심' 즉 '마음'이다. 그런데, 원래 『중용』이 들어 있던 『예기』의 다른 편에는 무수히 보이는 '심'이라는 글자가 『중용』에는 단 한 자도 없다. '희로애락'의 주체가 '심'이 아니기 때문에 없다면, 여기서 그 주체를 '심'으로 거론하는 것은 틀린 것이 될 것이다. 만약 맞다면 의도적으로 그렇게 하였는지 신기한 일이다. 그러나 『예기』「예운」과 『예기』「악기樂記」와 같은 곳에서 감정을 이야기할 때 그 주체를 '심'으로 말하고 있는 점을 볼 때, 역시 『예기』「중용」에서도 그 주체가 '심' 이어야 할 것이다.

　그리고 주희도 『중용장구』 첫머리에서 이 『예기』「중용」 편을 공자 문하에서 전수되어 온, 마음 다스리는 방법인 '심법心法'이라고 했다(此篇乃孔門傳授心法). 앞에서 이미 말한 바 있는, 주희가 말하는 이때의 '심법'의 기원은 요堯임금 때로 거슬러 올라간다. 이제 더 자세히 살펴보자. 요임금은 순舜임금에게 천자 자리를 선양禪讓하며 "진실로 그 중을 잡

으라(윤집궐중允執厥中)"는 심법의 요체要諦를 전하였다 한다.[26]

또 순임금은 우禹임금에게 역시 천자 자리를 선양하며 세 마디를 더 붙여 "人心惟危, 道心惟微, 惟精惟一, 允執厥中(사람의 마음은 오직 위태롭기만 하고, 도의 마음은 오직 미세하기만 하니, 오직 정밀하고 한결같이 집중하여, 진실로 그 중을 잡으라)"[27]이라는 말을 전하였다 한다. 즉 요순의 '대동'사회는 '중용'의 도로 다스린 사회라는 취지이다.

여기서 도의 마음인 '도심'은 곧 희로애락이 아직 발현하기 전의 선험적 중용인 '중'의 상태에 있는 심이며, 사람의 마음인 '인심'은 희로애락이 발현하고 나서의 심이다. 그런데 도심이 미세함은 선험적인 '중'의 상태를 알기 어려움을 말하고, 인심이 위태로움은 '희로애락'이 발하고 나서의 심이 인욕人欲으로 인해 절도에 맞는 상태인 '화和'를 실현하기 어려워, 자칫하면 절도에 맞지 않는 '불화不和'의 상태가 될 위태로움이 있음을 말한다.

이 위태로움을 극복하고 '화'를 이루는 방법이 바로 '정精함'과 '일─함'이다. 곧 '정밀함'과 '한결같음'인데, 이 두 가지는 결국 이런 방법으로 행하는 집중集中, concentration[28]을 말한다. 이렇게 하여 경험적 중용인 '화'를 이룸은 곧 통치자의 심을 바로잡는 『대학』의 '정심正心'으로 볼 수 있고, '惟精惟一(유정유일)'함은 곧 『대학』의 '성의誠意'의 방법으로 볼 수 있다.

『중용』에서 거론하는 감정은 '喜(희, 기뻐함)', '怒(노, 화냄)', '哀(애, 슬퍼함)', '樂(낙, 즐거워함)'이다. 그렇지만 우리의 감정이 어디 이러한 것뿐이겠는가. 더 다양하지만 『중용』에서 '희로애락'만을 이야기한 것은 우리의 감정 중 대표성을 띤 것만을 이야기했을 뿐이다. 『예기』「예운」에서는 '喜·怒·哀·懼·愛·惡·欲'의 칠정七情을 이야기하고 있다. 즉, '기뻐함(희喜)', '화냄(노怒)', '슬퍼함(애哀)', '두려워함(구懼)', '사랑함(애愛)', '미워함(오惡)', '욕구함(욕欲)'이다.[29]

『예기』 중의 「악기樂記」는 유가철학 중의 음악에 관한 미학사상을 담고 있는 부분이다. 공자는 '예禮'와 더불어 '악樂'을 중시했다.[30] 이 「악기」에서도 인간의 감정을 이야기하고 있다. 당연하게도 음악은 인간의 감정에 관한 것이기 때문이다. 「악기」에서는 '애哀', '낙樂', '희喜', '노怒', '경敬', '애愛'의 여섯 가지 감정을 이야기하면서 "(이) 여섯 가지는 본성(性)

이 아니다. 대상(物)을 느낀 후에 발동하는 것이다. 이런 까닭으로 선왕은 그것을 느끼는 원인을 삼가는 것이다(六者非性也, 感於物而后動. 是故先王愼所以感之者)"라고 하고 있다.[31]

「악기」는 사실상 음악만을 말하는 글이 아니다. 음악인 '악'과 더불어 음악과 '예'의 관계를 말하고 있다. 악은 조화(和)에 관한 것이고, 예는 질서(序)에 관한 것이다. 그래서 「악기」에서는 "음악이란 하늘과 땅의 조화이고, 예란 하늘과 땅의 차례이다. 조화하기 때문에 온갖 사물이 변화하고, 차례를 지키기 때문에 무리 지은 사물이 모두 구별되는 것이다(樂者, 天地之和也. 禮者, 天地之序也. 和故百物皆化. 序故羣物皆別)"라고 한다.

유가사상은 인간공동체 유지에 있어서 이 조화와 질서 중 어느 것도 결여되면 안 된다고 생각하고 있다. 질서는 한 체제 내 구성원 간의 구별을 기초로 한다. 이 구별은 가家의 가족 구성원, 국國의 나라 구성원, 궁극적으로는 천하의 모든 구성원 간의 구별이다. 그런데 이 질서 관념을 지나치게 앞세우면 공동체 구성원 간의 인정이 메말라져 서로가 유리遊離되고 소원해진다. 그래서 음악이 필요하다. 음악은 그 음악을 듣는 모든 이들이 공통되게 차별 없이 공감한다. 음악을 연주하는 연주회에서 그 청중들은 모두 그 지위, 신분, 계급을 잊고 공감한다. 음악은 조화, 즉 하모니를 그 특성으로 하기 때문이다.

그러나 조화만을 앞세우면 공동체의 질서가 없어져 어지러워진다. 그래서 '예'도 '악'도 모두 필요하다는 것이 유가사상의 '예악'에 대한 기본 관념이다. 「악기」에 "음악이란 윤리를 소통하는 것이다(樂者, 通倫理者也)"라고 하고, "음악을 알면 예에 가까워진다(知樂則幾於禮矣)"라고 하면서, "예와 악을 모두 얻은(得) 상태를 덕이 있다고 이른다. 덕이란 얻음(得)이기 때문이다(禮樂皆得, 謂之有德. 德者, 得也)"라고 하여, 덕 있음은 곧 예와 악을 겸비한 것임을 말하고 있다.

그런데 '중용'을 말하면서 왜 이러한 '예'와 '악'에 관한 이야기를 해야 할까. '중용'은 사람이 살아가는 데 있어서 자신이 맡고 있는 역할과 임무를 특정 상황에서 가장 적절하고 마땅하게 행하는 것이며, 그 역할과 임무는 사회공동체에 있어서 '예'에 속하기 때문이다. 그것은 '화'를 정의하는 '절도에 맞음(中節)'의 '절節'이 곧 매 상황에 따른 '예'이기 때문이기도 하다. 그리고 '악'은 바로 '화' 그것이다. '중용'은 이 '예'와 '악'의 현실적 실현으로 나타나는 것이며, 이때 '예'와 '악'은 동전의 양면과 같이 분리할 수 없는 것이다.

『논어』에 공자의 제자 유약有若(B.C.518~?, 성姓은 유有, 이름은 약若. 유자有子로 일컬어지기도 함)의 이런 말이 있다.

유자有子가 말하기를, "예禮를 씀에는 '화和'를 귀하게 여긴다. 선왕의 도는 이를 아름답게 여겨 큰일이나 작은 일이나 모두 이를 따랐다. (그러나) 행해지지 않는 경우도 발생하는데, ('화' 일변도로) '화'만 알고 '화'하여 '예'로써 조절하지 않으면 또한 행할 수가 없게 되는 것이다"라고 했다.

有子曰: "禮之用, 和爲貴. 先王之道斯爲美, 小大由之. 有所不行, 知和而和, 不以禮節之, 亦不可行也."

— 『논어』 「학이學而」

이 역시 '예'와 '악' 중 어느 하나의 일변도로 나가서는 안 됨을 말하는데, 유약은 그중에 '악'의 원리인 '화' 일변도로 일을 행하는 경우의 문제를 말했다. '화' 곧 '악'은 '예'로 조절해야 적절하게 된다는 것이다.

'중용'을 말하면서 지금 말하는 이 '예'는 단지 어떤 구체적 제도만을 말하는 것이 아니다. 여기서의 '악'도 단지 어떤 연주회의 어떤 구체적 음악만을 말하는 것이 아니다. '예'와 '악'의 정신을 말한다. 구체적 제도나 연주는 이 '예'와 '악'이 구체적으로 특정하게 나타나는 것일 뿐이다. 질서와 조화가 그 '예'와 '악'의 정신이다. '희로애락이 발현하여 모두 절도에 맞는 것'이라는 표현 속에 이미 '예'가 들어 있는데, 이것을 음악의 정신인 '화'로 정의한 것, 이것이 우리가 주목해야 할 것이다. 그런데 우리가 또 주목해야 할 것은 그 주어가 '희로애락'이란 감정이라는 점이다. '중용'이란 것, 그리고 그 내용이 되는 질서와 조화로서의 예와 악은 모두 감정의 적절한 조절이 핵심이라는 것이다.

『중용』의 '중'과 '화'에 관한 짧은 언급이 '예'와 '악'과 관련되어 있다는 것은, 그것을 보다 확장한 표현인 듯 느껴지는, 중국철학사에서 유명한 「악기」의 다음 글과 비교하여 살펴볼 필요가 있다.

사람이 나면서 고요한 상태는 하늘이 부여한 본성(性)이며,
대상 사물에 감응하여 활동하는 것은 본성의 욕구이다. 대상
사물이 이르러서 지각이 그 지각작용을 일으킨 후에 좋아함
과 싫어함이 나타난다. 좋아함과 싫어함이 내면에서 절도가
없으면 지각이 외면에 미혹되는데, (그러고도) 자신을 반성할
줄 모르면 천리天理가 사라진다. 대상 사물이 사람을 감응시
킴은 한이 없는데도 사람의 좋아하고 싫어함이 절도가 없으
면, 대상 사물이 이르러 옴에 사람이 그 대상 사물에 융화되
게 되는 것이다. 사람이 대상 사물로 융화된다는 것은 천리天
理를 사라지게 하고 인욕人欲을 다한다는 말이다.

人生而靜, 天之性也; 感於物而動, 性之欲也. 物至知知, 然後
好惡形焉. 好惡無節於內, 知誘於外, 不能反躬, 天理滅矣. 夫
物之感人無窮, 而人之好惡無節, 則是物至而人化物也. 人化
物也者, 滅天理而窮人欲者也.

「악기」의 이 부분은 '천리天理'와 '인욕人欲'이라는 성리학性
理學 용어가 유래된 곳이기도 한데, 이 글의 첫머리는 마치
『중용』의 '천명지위성天命之謂性'과 '희로애락지미발喜怒哀樂之未

發'의 '중中'의 상태를 연계해 놓은 것 같다. '고요함' 즉 '정靜'의 상태는 '희로애락'이 아직 발동하지 않은 '중'의 상태이며, 그것은 곧 본질로서의 '성性'을 말한 것과 대응된다. 그런데 대상 사물을 만나 지각작용이 일어나 '호오好惡'(좋아함과 싫어함)의 감정이 생겨남은 곧 '희로애락'이 발동한 상태와 같다. 이때 내면에서 절도(節)가 없게 됨에도 반성할 줄 모르면, 도덕주체는 자신에게 있던 천리가 사라지고 대상 사물에 종속된다고 했다.

『중용』에서는 절도에 맞는 경우로서의 '화和'를 말하고 있다면, 「악기」에서는 절도에 맞지 않는 경우의 문제를 말하고 있다. 「악기」에서는 이런 경우를 천리를 소멸하고 인욕을 다하는 것, 즉 인욕을 끝까지 추구하는 것이라 표현했다. 『중용』에 있어서의 '화和'의 반대, 이를테면 '불화不和'의 경우를 이렇게 말한 것으로 볼 수 있다. 여기서도 음악의 원리에 입각하여 내면의 절도(節)로써 설명하고 있는 것이다. 그리고 역시 '호오'라는 감정으로 그 문제를 논하고 있다.

그런데 이 부분은 『논어』에 나오는 다음의 공자의 말과 연계된다. 공자는 "唯仁者, 能好人能惡人(오직 인자仁者만이 다른 사람을 좋아할 수 있고, 다른 사람을 싫어할 수 있다)"(『논어』「이인里仁」)이라 했다. 그렇다면 '호오好惡'의 감정을 절도 있게 함으로써 '화'를 구현하여 '중용'을 지키는 이는 '인자仁者'라는 이야기다. 그런데, 안회顔回가 인仁에 대해서 물었을 때, 공자는 "克己復禮爲仁(자기를 이기고 '예'로 돌아감이 '인仁'이다)"(『논어』「안연顔淵」)이라 했다. 여기서 극기克己함이란 「악기」에서 말하는 인욕人欲을 극복하는 것이다. 복례復禮란 공자가 사회 질서를 위한 표준으로 생각하는 주례로 돌아가는(또는 주례를 회복하는) 것이다.

주례는 당시 사회 구성원 각각에게 정해진 자신의 역할을 말한다. 자신의 역할을 다하지 못함은 인욕에 휘둘리기 때문이다. 그래서 인욕을 극복하는 극기를 하여 자신의 역할을 다함, 바로 이렇게 하는 것이 곧 '인仁'이라는 것이다. 그런데 그것은 '화'와 더불어 이루어진다. 이로써 분명해지는 것은 인간의 감정을 절도에 맞게 하여 현실에서 '화'를 이루어 '중용'을 지키는 것은 결국 '인仁'으로 귀결된다는 얘기다.

감정을 절도에 맞게 하는 것은 어떻게 하는 것일까. '희로애락'의 감정을 발동할 때 단지 양극단을 피하는 것이 절도에 맞는 '화'가 되어 곧 '중용'을 지키는 것이 될까. '중용'은 과불급이 없는 상태다. 어떤 일을 겪을 때 '희로애락'의 감정을 그 일에서 느껴야 할 정도를 지나치게 넘어서서 내거나 또는 돌이나 고목같이 지나치게 냉정하다면 기이할 것이다. 또는 과불급이 없이 한다고 해서 감정을 어떤 일이 있어도 기계적으로 중간 정도만 발현한다면 어떨까. 보기에 따라서는 어떤 일에도 감정의 기복이 없이 평정 상태를 유지하는, 아주 수양이 잘된 사람으로 보일 수도 있다.

그러나 세상사에서 희로애락의 감정은 그 상황에 따라서 발현되어야 인간다운 것이다. 가정에 축복하고 기뻐할 일이 있어서 온 가족이 축배를 들고 기뻐하는데 자신은 중간을 취한다면서 그저 그런 태도를 보인다면, 그 반대로 별기뻐할 일도 아닌데 중간을 취하여 남보다 오히려 더 기뻐한다면, 그 사람이 수양이 잘된 사람으로 보이겠는가. 화낼일이나, 슬퍼할 일이나, 즐거워할 일이나 모두 마찬가지다. 충분히 감정 표현을 해야 할 일에 중간을 지향해서 상대적으로 무덤덤하고, 감정 표현할 필요가 없는데 또 중간을 지향해서 상대적으로 더 지나친 감정을 표현한다면 이상하지 않겠는가.

'중용'의 감정 표현은 중간의 감정 표현이 아니다. 인간적으로, 상황에 맞는 적절함을 취하는 것이다.[32] 세상 사람이 '중용'을 지키기 어려운 것은 이 적절한 정도를 취하기가 어렵기 때문이다. 이 적절한 정도가 '절도'이다. 이 절도는 각자가 처한 마땅함에 따른 것이고, 이것이 그 시대, 그 사회의 '예'에서 각자가 맡고 있는 바이다. 그리고 이러한 감정의 조절 상태가 바로 '화' 즉 조화라는 것이다.[33]

이처럼 『중용』에서 강조되는 경험적 '중용'의 상태인 '화'는 그 뿌리가 감정에 있지만, 행위에 나타나고, 대인관계에 나타나며 정치에 나타나, 결국 가家나 국國이나 천하天下의 사회공동체 관리와 경영에 나타난다. 그래서 '중용'의 정치는 '화'의 원칙에 따른 정치가 된다. 그런데 중국 고대에는 정치원칙에 관하여 말함에 '조화'인 이 '화和'를, '같음'인 '동同'과 비교하는 논의가 있었다. 공자 당시에 제齊나라의 안영晏嬰(?~B.C.500, 자字는 중仲. 안자晏子라고 존칭되기도 한다)이라는 재상에 관한 다음과 같은 일화가 있다. 당시 제경공齊景公이 스스로 그의 총신寵臣인 양구거梁丘據와 자신은 '화和'한 관계라고 평가하자, 안영은, 양구거는 '동同'일 뿐이고 '화和'라 할 수 없다고 했다. 이에 제경공이 '화'와 '동'의 차이를 묻자 안영은 이렇게 답했다.

'화和'는 국과 같습니다. (국을 끓일 때는) 물, 불, 식초, 젓갈, 소금, 매실로써 어魚·육肉을 삶는데, 장작으로 불을 때어 요리사가 그것들을 조화롭게(和) 하고 맛을 고르게 합니다. (그래서) 그 미치지 못한 것(不及)은 보충하고 그 지나친 것(過)은 덜어 내어, 군자가 그것을 먹음으로써 그 마음을 평온하게 하는 것입니다. 임금과 신하도 마찬가지입니다. 임금이 옳다고 한 부분에 그른 부분이 있으면, 신하는 그 그른 부분을 건의하여 그 옳은 부분을 완성하고, 임금이 그르다고 한 부분에 옳은 부분이 있으면 신하는 그 옳은 부분을 건의하여 그 그른 부분을 제거해야 합니다. 이렇게 함으로써 정치는 고르게 되면서도 불간不干(예를 어기지 않음)하게 되며, 백성에게는 다투는 마음이 없게 됩니다. 그러므로 『시詩』에 이르기를, "조화로운 국이 있으니, 갖추어지면서도 고르도다. 신령이 내려와 흠향해도 흠잡을 말 없으니 시국이 아무런 다

툼이 없도다"라 한 것입니다. 선왕이 오미五味를 조절하고 오성五聲을 조화롭게 한 것은 그렇게 함으로써 그 마음을 고르게 하고 그 정치를 완성하려 함입니다. 소리도 맛과 같아서 일기一氣·이체二體·삼류三類·사물四物·오성五聲·육률六律·칠음七音·팔풍八風·구가九歌의 요소로 구성되어, (연주할 때는) 청탁淸濁과 대소大小, 장단長短과 질서疾徐, 애락哀樂과 강유剛柔, 지속遲速과 고하高下, 출입出入과 주소周疏의 요소로 조절됩니다. 군자가 이를 들으면 그것으로 그 마음을 고르게 하는데, 마음이 고르게 되면 덕이 조화롭게 됩니다. 그러므로 『시』에 이르기를, "덕음德音에 흠이 없도다"라고 한 것입니다. 지금 양구거는 그렇지 않아서 임금이 옳다 하는 것은 양구거도 역시 옳다 하고, 임금이 그르다 하는 것은 양구거도 역시 그르다 합니다. 만약 물에다 물을 타면 누가 그것을 먹을 수 있을 것이며, 만약 금琴과 슬瑟이 획일적인 소리를 낸다면 누가 그것을 들을 수 있겠습니까. '동同'이 옳지 못한 것도 이와 같습니다.

—『춘추좌씨전春秋左氏傳』「소공20년昭公二十年」및
『안자춘추晏子春秋』「외편外篇제7第七」[34]

안영이 여기서 말하는 '화'는 사람마다 다를 수 있는 생각과 의견의 조화를 말한다. 그는 생각이나 의견의 획일을 지양止揚하여 조화를 추구한 것이다. 안영이 비판한 '동'은 획일이기 때문이다. 안영이 '화'를 중시하는 사상은 절충주의로 평가되기도 한다. 그런데 그 역시 '화'를 설명하는 과정에서 우선 요리를 예例로 들고, 이어서 음악을 예例로 들었다.

공자 역시 안영과 비슷한 취지의 말을 하였다. 그는 '군자'와 '소인'을 "군자는 '화'하나 '동'하지 않고, 소인은 '동'하나 '화'하지 않는다(君子和而不同, 小人同而不和)"(『논어』「자로子路」)라고 비교하기도 하였다. 세상을 살아가면서 다른 사람과 교류할 때 다른 사람의 의견에 이견을 내지 않고 동조하는 태도를 보이면 처세에는 유리하다. 더구나 그 다른 사람이 조직의 윗사람이라면 그럴 가능성은 더 많다. 세상 사람들은 흔히 귀에 거슬리는 말은 듣기 싫어하고, 귀에 달콤한 말은 듣기 좋아하기 때문이다. 그래서 '동'하는 사람이 출세하기 쉽다.

공자는 매사에 옳고 그름을 분명하게 따지지 않고, 대인

관계나 처세를 원만하게 하여, 어느 쪽으로부터도 원망을 사지 않고, 나아가 사람들의 칭송을 받는 사람인 '향원鄕原'을 덕을 해치는 자라 하였는데(鄕原, 德之賊也)(「논어」「양화陽貨」), 이런 자는 오히려 자신이 '중용'을 지키는 듯이 위장하기까지 한다. 카사노바가 수많은 여자들과 교제할 수 있었던 비결이 상대방의 말을 들어주고 맞장구쳐 주는 것이었다 한다. 카사노바가 군자일 리는 없다.

상대방의 의견에 '동'조하는 것은, 상대방의 말이 옳아서라기보다는 처세술의 일환이고, 윗사람에 대해서는 '아첨'과 '아부'일 수도 있다. 그러나 동조하는 쪽에서는 입신과 처세에 유리하지만, 상대방의 동조를 쉽사리 얻는 쪽에게는 훗날 그것이 독이 될 수 있다. 자신의 옳고 그름에 대한 반성을 하지 못하고 자신의 생각이 옳다는 착각과 환상 속에 살아 잘못된 판단으로 일을 그르칠 수 있기 때문이다. 그 입장에 있는 사람들이 조직의 장일 경우엔 그 조직에 독이 될 수 있다. 국가, 천하를 맡아 다스리는 위정자의 경우에는 그러한 공동체를 위기에 빠뜨릴 수도 있다.

그래서 안영과 공자는 '동'보다는 '화'를 중시했다. 이견

제시를 의견 충돌로 보지 않고 그것을 조화로 성숙시켜야 한다고 본 것이다. 왕조시대에 신하에게 '간언諫言'을 장려하고 나아가서 이러한 간언을 전담하는 기구를 둔 것도 잘못된 국가 운영을 사전에 방지하기 위한 것이었다. 이러한 간언은 당연히 '동'을 추구하는 것이 아니다. '동'만을 추구하는 '간신奸臣'은 '간언諫言', '충언忠言'을 하는 '간신諫臣'이 아니다.

'화'는 상대방의 의견에 대한 무조건적인 이의 제기나 반대를 위한 반대를 말하는 것은 아니다. 찬성이든 반대든 모두 '옳음', '마땅함'을 기준으로 한다. 『중용』의 '화'를 두고 말한다면, 이러한 의견 개진의 '옳음'은 '감정이 절도에 맞음'이 그 바탕이 되는 것이다.[35] 이렇게 '중용'을 개인과 사회공동체에서 실천하면, 개인은 덕을 이루고 사회공동체는 '질서'와 '조화'를 이룬다. 이것은 그 사회공동체가 잘 다스려짐이다. 그런데 역사적, 현재적 현실에서 바라보면 이것은 이론적 이상이다. 왜냐하면 인간세계의 현실에서는 이 '중용'이 참으로 이루어지기 어렵기 때문이다.

『대학』의 사상을 두고 볼 때, 제가, 치국, 평천하가 이루어지지 않으면 자칫 그 책임을 지도자의 수신 탓으로 돌리기 쉽다. 그러나 공동체는 지도자 한 사람의 힘만으로 이루어지기는 어렵다. 한 사람의 성인이 나온다고 곧바로 이상 세계가 이루어질까. 그 정도로 인민대중이 타율적이라고 말해야만 하는가. 왜냐하면 공동체가 이루어지려면 공동체 구성원 모두가 사실상 '수신'의 주체여야 하기 때문이다.

마찬가지로 위정자가 '중용'으로 세상을 다스린다면, 요순 같은 사람들이 '윤집궐중'하여 '중용'의 통치를 한다면, 바로 세상이 이상세계가 될까. 그 공동체 구성원의 협조가 없이도 말이다. 공동체 전체의 '중용'은 구성원의 협조로, 구원성들과 더불어 이루는 '화'이다. 현실적 '중용'은 '조화', '하모니'라 했다. 아무리 훌륭한 오케스트라의 지휘자라도 그 악단 구성원들, 각 악기 연주자가 여기저기서 불협화음을 내면 무슨 '하모니'가 이루어지겠는가. 악기 연주자 각자가 '절도'에 맞는 '화'를 이루려고 노력해야 한다. 그 악기 연주자의 연주 기준이 되는 '절도'는 악보와 지휘자의 지휘다. 즉 악기 연주자들 한 사람 한 사람이 '하모니의 주체'이다.[36]

한 집에 있어서는 한 집의 구성원들이 모두 조화의 주체다. 가족 구성원들의 협조 없이 가장만 노력한다고 가정의 화목은 이루어지지 않는다. 한 나라에 있어서는 한 나라의 구성원들이 모두 조화의 주체다. 한 나라의 지도자만 소리 높인다고 한 나라의 조화가 이루어지지는 않는다. 나아가 이 세상 천하에서는 천하의 나라와 그 천하 만민 모두가 '조화'의 주체다. 그들의 협조가 없이는 아무리 훌륭한 성인聖人이 나와도 세상 천하의 조화는 이루어지지 않는다.[37]

석가모니, 공자, 예수 등 수많은 사상적 지도자가 나왔어도 이 세상 천하는 조화는커녕 전쟁으로, 투쟁과 갈등으로 지금까지 계속되어 오지 않았는가. 메시아의 출현 여부와 상관없이, 천하 만민 모두에게는 각자의 역할에 따른 책임과 의무가 있다. 각자가 모두 '중용'을 이뤄야 할 한 사람의 인간적 주체이다. 그렇지만, 그럼에도 그 책임의 영순위가 지도자임은 두말할 나위 없이 당연하다.

앞에서 본 바와 같이 경험계의 중용을 말하는 '화'는 이미 그 안에 절도로서의 '예'를 함유하고 있다. 따라서 선험계의 '중'과 경험계의 '화'를 말하는 '중화'는 『중용』의 요체다.

『대학』에서 말하는 최고의 목적인 평천하, 곧 천하에 밝은 덕을 밝힘은 『중용』으로 보면 이 '중화'를 실현하는 것이다. '수신'은 한 개인의 '중화'요, '제가'는 한 집안의 '중화'며, '치국'은 한 나라의 '중화'요, '평천하'는 천하에 '중화'를 이룬 것이다. 나아가 이 '중화'의 원리는 천지, 우주로 확장되어 갈 수 있다. 그래서 『중용』에서는 이어서 말한다.

중화를 실현하면 천지가 자리 잡히고, 만물이 길러진다.

致中和, 天地位焉, 萬物育焉.

— 『중용』 「제1장」

제6장
'중용'의 어려움

    '중용'은 어렵다. 그 어려움은 마음 다스림의 문제부터 시작된다. 마음이 움직이기 전, 선험적 중용인 '중'의 상태에서는 마음이 움직이고 난 이후를 아직 말할 수 없다. 마음이 처음 움직이려 할 때 비로소 그 동기가 나뉜다. 『대학』으로 치면 그 '의意' 즉 '뜻'이 어떠한가에 따라 그 후의 향방이 갈린다. 그래서 『대학』에서 '성의誠意' 즉 '뜻을 성실히 함'을 강조한 것이다. 그래야 '정심正心' 즉 '마음을 바로 함'으로 갈 수 있기 때문이다.

    이것을 『중용』에 대입하면, '희로애락'이 발할 때에 그 뜻을 성실히 해야만, 발하고 나서 모두 절도에 맞는 상태인

'화和'가 될 수 있는 것이다. 만약 그 뜻을 성실히 하지 못한 다면 마음이 바르지 않게 된다. 『중용』으로 치면 '희로애락' 이 발하고 난 후 '절도'에 맞지 않게 되는 '불화不和'가 되는 것이다. 이는 곧 경험계의 '중용'을 지키지 못하는 것이 된다.

이처럼 그 뜻을 성실히 함과 그렇지 못함으로 인해 '중용' 으로 가거나 그렇지 못하거나의 두 경우로 나뉘면, 이에 따라 현실 속의 인간도 두 유형으로 나뉘게 된다. 현실 이전에 인간 본성을 두고 볼 때는, 『중용』은 기본 이론상으로 '성선설性善說'이라고 볼 수 있으나, 이후 '선'한 행동으로 가느냐, '불선' 또는 '악'의 행동으로 가느냐가 뜻의 단계에서 나뉘어 현실 속의 선악으로 나뉜다.[38] 앞에서 말한 '호리지 차毫釐之差, 천리지실千里之失'까지 될 수도 있다. 그래서 한쪽은 '군자'로 가고, 한쪽은 '소인'으로 가는 것이다.[39]

뜻을 성실히 함과 그렇지 않음은, 『논어』 중의 공자의 말을 기준으로 하면 '의義'를 밝히는 경우과 '이利'를 밝히는 경우에 대응된다 할 것이다. 공자에 따르면 전자의 경우가 군자요, 후자의 경우가 소인이다. 앞에서 '중용'이란 어떤 상황에서 '마땅함', '옳음'을 추구하는 것이라 했다. 그것은

116

'의'를 따름이다. '마땅함', '옳음'과 무관하게 행동하는 유형의 인간은 통상 '이利' 즉 '이익'을 추구한다. 따라서 '성의'하여 '의義'를 따르는 이는 매 상황에서 '중용'을 추구하고, '성의'하지 않아서 '이利'을 따르는 이는 매 상황에서 '중용'을 추구하지 않는 것이다.

그래서 공자는 "군자는 '중용'을 취하고, 소인은 '중용'에 반反한다(君子中庸, 小人反中庸)"(『중용』「제2장」)라고 말했다. 소인은 '중용'에 관심을 갖지 않는다는 정도로 말한 것이 아니라, 아예 '중용'에 '반反한다'고 하였다. 그리고 이어서 말하기를, "군자의 '중용'은 군자로서 때에 알맞게 하지만(時中), 소인의 '중용'은 소인으로서 거리낌 없이 행동함이다(君子之中庸也, 君子而時中, 小人之中庸也, 小人而無忌憚也)"(『중용』「제2장」)라고 하였다.

'때에 알맞게 함' 즉 '때에 맞는 중용'인 '시중時中'이 '중용'에 시간적 의미를 강조한 것임은 이미 말하였다. 그런데, 소인은 '중용'에 '반反한다'고 하면서도 소인의 '중용'을 말하였다. 이 표현은 모순적이다. 그러나 이것은 소인이 '중용'을 내세우는 '위선僞善'을 말한 것으로 봐야 할 것이다. 그런데 공자는 그러한 '위선적 중용'을 두고 '기탄忌憚없음' 즉 '거리낌 없음'이라고 표현했다.

세상 사람 중에는 마치 어떤 도리를 깨달은 듯, 그래서 걸림이 없이 행동하는 듯, 기탄없이 마음대로 행동하는 것을 마치 자신이 경지가 높아서 그런 양하는 위선자가 있다. 이러한 자들은 절도를 지키지 않으면서 호탕한 듯, 융통성을 내세우며 세상을 속이고 군자를 고지식하다고 비웃는다. 공자는 이러한 소인의 '가짜 중용'을 비판한 것이다. 그러나 이러한 군자와 소인의 차이는 '성의'의 단계에서 이미 나뉘게 된다. 인심은 위태롭고, 도심은 미세하기 때문이다. 인심의 이러한 위태로움으로 인해 '중용'이 어렵게 되는 것이다. 그래서 공자는 "중용, 그 지극함이여! 백성들 중에 행할 수 있는 이가 드물어진 지 오래도다!(中庸其至矣乎! 民鮮能久矣!)"(『중용』, 「제3장」)라고 하였다.[40]

공자가 당시의 시대를 평가하여 이처럼 '중용'을 지킬 수 있는 이가 드물어진 지 오래되었다면서 한탄한 것은, 공자의 관점에서 그가 추구하는 도가 무너진 지 오래되었다는 것이다. 이 도는 『중용』을 기준으로 말하면 '중용'의 도이면서 '중용'에 포괄된 '예악禮樂'의 도이고, 『대학』을 두고 말하면 '대학의 도(大學之道)'이다. 이러한 공자의 한탄이 『중용』에서 계속된다.

> 도가 행해지지 못함을 내 아노라. 지혜로운 자는 이에 지나치고, 어리석은 자는 이에 미치지 못하도다. 도가 밝혀지지 못함을 내 아노라. 현명한 자는 이에 지나치고, 불초한 자는 이에 미치지 못하도다. 사람이라면 누구나 먹고 마시지만 (진정으로) 맛을 알 수 있는 경우는 드물구나.
>
> 道之不行也, 我知之矣. 知者過之, 愚者不及也; 道之不明也, 我知之矣. 賢者過之, 不肖者不及也. 人莫不飲食也, 鮮能知味也.
>
> ― 『중용』 「제4장」

이에 대한 주희의 견해를 참고해 보자. 지혜로운 자, 어리석은 자는 지知의 차이인데, 그 지나침과 미치지 못함으로 인해 행行의 측면에 문제가 생긴다. 지혜로운 자는 앎의 교만함으로 도를 실행할 가치가 있다 여기지 않는다. 어리석은 자는 앎이 부족해 도를 행해야 할 이유를 모른다. 현명한 자, 불초한 자의 차이는 행行인데, 그 지나침과 미치지 못함으로 인해 지知의 측면에 문제가 생긴다. 현명한 자는 행함이 먼저 지나치게 앞서므로 도를 행할 이유를 알려고 반추하지 않고 먼저 행하고 본다. 불초한 자는 행함이 부족하여 도를 행함에 대해 왜 행해야 하는지 그 이유를 알 필요성조차 못 느낀다.

『중용』에서 공자는 세상 사람의 다양성을 이렇게 분류하여 세상 사람들이 여러 가지 이유로 '중용'의 도를 행하지 않음을 말하였다. 그런데 이러한 세상 사람들은 각자의 틀에 갇혀 자신의 잘못을 모른다. 오히려 자신의 행동이 적절하고 마땅하다고 여긴다. 인간은 누구나 먹고 마시지 않으면 죽는다. 그러나 그것은 생존의 측면이다. 그런데 사람들은 먹고 마시면서도 생존에만 급급해 정작 그 진정한 맛을 아는 이가 적다.

지금도 우리는 살기 위해 경제활동을 한다. 그러나 돈 벌기에만 급급해 인생의 의미를, 인생의 맛을 모르고 돈의 노예로만 살아가는 경우가 얼마나 많은가. 세상에는 인생을 채우는 수많은 행동이 있다. 그런데 우리는 우리의 행동들이 과연 적절한지를, 얼마나 의미 있는지를 반성하고 있는가? 우리는 인생의 참맛을 아는가? 안영晏嬰은 '화' 즉 '조화'를 요리에 빗대어 이야기하였다. 『중용』의 취지로는 인생의 참맛 역시 인생 속 행동의 조화에서 온다고 할 것이다. 우리는 그것을 얼마나 이루고 있는가. 조화를 말하는 『중용』의 입장에서 볼 때.

그렇지만 사실상 수많은 사람들이 '도심道心'보다는 위태로운 '인심人心'에 따르면서 『예기』 「악기」에서 말하는 천리天理보다 인욕人欲을 추구한다. 때로는 마치 불나비처럼 불에 뛰어든다. 그러면서 그러한 상황을 인식하지 못한다. 오만하게도 자신의 지혜를 과신하면서. 그래서 공자는 말한다.

사람들은 모두 자신이 지혜롭다고 말하지만, 자신을 덫이나 함정 속으로 몰아넣으면서도 피할 줄 모른다.

人皆曰予知, 驅而納諸罟擭陷阱之中, 而莫之知辟也.

— 『중용』 「제7장」

지금도 좋은 학교까지 나온 똑똑한 사람들이 인욕으로 인해 감옥에 가는 등 스스로 몰락하는 일이 뉴스를 장식하고 있지 않은가. 또 어쩌다 용케 '중용'을 택할 수는 있지만 다시 인욕의 유혹으로 오래가지 못하기도 한다. 그래서, 이어서 공자는 "사람들은 모두 자신이 지혜롭다고 말하지만, 설사 '중용'을 택하더라도 한 달을 지켜 내지 못한다(人皆曰予知, 擇乎中庸而不能期月守也)"(『중용』, 「제7장」)라고 한다. 이렇게 어려운 '중용'이기에 공자는 "천하와 나라와 집안도 고르게 할 수 있고, 작록爵祿도 사양할 수 있고, 흰 칼날도 밟을 수 있지만 '중용'은 능히 할 수 없다(天下國家可均也, 爵祿可辭也, 白刃可蹈也, 中庸不可能也)"(『중용』, 「제9장」)라고까지 말한다.

　　그러면서 공자는 이러한 일반 사람들과 자신이 가장 아끼던 제자 안회顔回를 비교한다. 안회는 일반 사람들과 다르단다. "안회의 사람됨은 '중용'을 택하여 하나의 선善을 얻으면 그것을 꼭 받들어 가슴에 지니고서는 잃지 않았다(回之爲人也, 擇乎中庸, 得一善, 則拳拳服膺而弗失之矣)"(『중용』, 「제8장」)라고 하며, 안회를 '중용'에 대한, 강한 실천의지를 보이는 사람의 예例로 들었다. 공자의 제자 안회는 외견상 유약해 보였다. 그럼에도 '중용'의 측면에서 공자의 칭찬을 받았다. 이것은 '중용'이 외견상의 강함으로 이룰 수 있는 것은 아님을 보여 준다.

안회 같은 제자와 상반되는 이미지를 보이는 중유仲由 즉 자로子路(B.C.543~B.C.480, 본명은 중유, 자字는 자로 또는 계로季路. 흔히 자로로 많이 일컬어짐) 같은 제자는 외견상 강해 보이는 제자였다. 그리고 실제로도 강함을 추구하였다. 이런 자로가 공자에게 '강强함'에 대해 물었다. 그랬더니 공자는 이렇게 말하였다.

남방의 강함인가, 북방의 강함인가? 그렇지 않으면 너의 강함인가? 너그러움과 부드러움으로 가르치고 무도無道함에 대해 보복하지 않음은 남방의 강함으로서, 군자가 그렇게 처신한다. 병기와 갑옷을 깔고 앉아서 죽는다 해도 꺼리지 않음은 북방의 강함으로서 강자强者가 그렇게 처신한다. 그러므로 군자는 화和하되 이리저리 영합하지 않으니, 강하도다 꿋꿋함이여! 중中에 서서 기울지 않으니, 강하도다 꿋꿋함이여! 나라에 도가 있을 때는 어려울 때의 마음을 변치 않으니,

강하도다 꿋꿋함이여! 나라에 도가 없을 때는 죽어도 (지조
를) 변치 않으니, 강하도다 꿋꿋함이여!

南方之强與? 北方之强與? 抑而强與? 寬柔以教, 不報無道,
南方之强也, 君子居之. 衽金革, 死而不厭, 北方之强也, 而强
者居之. 故君子和而不流, 强哉矯! 中立而不倚, 强哉矯! 國有
道, 不變塞焉, 强哉矯! 國無道, 至死不變, 强哉矯!

—『중용』 「제10장」

중국에서 남방인과 북방인 사이에는 유전적 혈통의 차
이도 있을 수 있고, 상대적으로 따뜻한 남방과 추운 북방의
기후에 따른 환경의 차이도 있을 수 있다. 어쨌든 남방인은
온유한 측면이, 북방인은 강인한 측면이 있다. 이 점은 도
덕적 문제가 아니라 성격이나 기질의 문제다. 그렇다고 이
를 일반화하거나, 나아가서 남방인은 군자고 북방인은 강
자(여기서는 무인武人으로서의 기질을 가진 사람)라고 보아 개인적
차이를 무시해서는 안 될 것이다. 공자가 이렇게 이야기한
것은, 이에 빗대어 강함의 종류를 이야기하려 한 것이다.

그래서 은연중 자로가 추구하는 강함을 북방의 강함에

빗대고, 안회류의 강함을 남방의 강함에 빗댄 것이다. 그러고는 자로에게 '너의 강함인가'라고 물으면서 자로류의 저돌적 강함을 나무라고, '한 대그릇 밥과 한 표주박 물로 누추한 거리에 살면서도' 그 어려움을 감내하면서 도를 지키는 안회와 같은 강함이 '중용'의 도를 지키는 진정한 강함이라고 평가하는 것이다.

　무인적인 강함을 추구하는 자로는 '용勇' 즉 '용기'를 추구하였다. 그러나 공자는 '용기'에 있어서 자로의 지나친 면을 걱정하였다. 『논어』에 이런 대화가 있다.

　공자가 말하기를, "도가 행해지지 않으니 뗏목을 타고 바다에 떠돌게 되면 나를 따를 자는 유由(자로子路)일 것이리라!"고 하였다. 자로가 이 말을 듣고 기뻐하니, 공자는 말하기를, "유는 용기를 좋아함이 나를 넘어서지만 재목으로 쓸 만하지는 않다"고 하였다.

　子曰: "道不行, 乘桴浮于海. 從我者其由與!" 子路聞之喜. 子曰: "由也好勇過我, 無所取也."

— 『논어』「공야장公冶長」

또 이런 대화도 있다.

공자가 안연顔淵(안회의 자字)에게 이르기를, "등용하면 행하고 버려지면 은둔하는 처신은 오직 나와 너만이 그럴 것이다!"고 하였다. (이에) 자로가 말하기를, "선생님께서 삼군三軍을 지휘하시게 된다면 누구와 함께 하시겠습니까?" 하니, 공자가 말하기를, "맨주먹으로 호랑이를 때려잡으려 하고, 맨몸으로 황하를 건너려 하면서 죽어도 후회함이 없는 자와는 내 함께 하지 않겠다. 반드시, 일에 임하여 두려워하는 태도를 보이고, 계책 세우기를 좋아하면서 (목표를) 이루어 내는 자와 함께 할 것이다"라고 하였다.

子謂顔淵曰: "用之則行, 舍之則藏, 唯我與爾有是夫!" 子路曰: "子行三軍, 則誰與?" 子曰: "暴虎馮河, 死而無悔者, 吾不與也. 必也臨事而懼, 好謀而成者也."

—『논어』「술이述而」

공자가 추구하는 용기는, 비겁함은 물론 아니고 그렇다고 무모한 만용도 아닌, 처한 위치와 상황에 맞추어 신중

하면서도 두려워하는 태도로 조심스럽게 접근하여 상황에 맞는 계책을 내어 성공을 도모하는 것이다. 이러한 용기는 길거리 건달이나 조직 폭력배들의 무도하고 천박한 용기가 아니다. '의'를 행하는 용기가 곧 진정한 용기라고 본 것이다. 그래서 자로가 "군자는 용기를 숭상합니까?(君子尙勇乎?)"라고 묻자, 공자는 "군자는 의를 숭상해야 한다. 군자가 용기만 있고 의가 없으면 난을 일으키고, 소인이 용기만 있고 의가 없으면 도적이 된다(君子義以爲上. 君子有勇而無義爲亂, 小人有勇而無義爲盜)"[41](『논어』「양화陽貨」)고 대답하였다.[42]

이렇게 의로움을 지향하여 진정한 강함과 용기를 추구하는 이들이야말로 '중용'에 맞는 군자로서 오히려 세상에서 더 크고 진정한 용기를 발휘한다. 그래서 공자는 말하기를, "삼군三軍에서 장수를 빼앗을 수는 있어도, 필부에게서 그 뜻을 빼앗을 수는 없다(三軍可奪帥也, 匹夫不可奪志也)"(『논어』「자한子罕」)고 하였다.

'중용'은 이처럼 그 지속을 위하여 굳건한 의지와 용기를 필요로 한다. '중용'은 행하기 어려운 것이지만, 중도에 포기하지 않고 지속해야 한다. 그것은 도덕실천자로서의 군자의 의무이다. 그래서 『중용』에서 공자는 이렇게 말한다.

군자가 도를 좇아서 행하다가 중도에 폐廢해 버리기도 하지
만, 나는 그만두지 못하겠노라. 군자는 '중용'에 의거하여 세
상에서 은둔해 알려지지 않아도 후회하지 않으니, 오직 성자
聖者라야 그렇게 할 수 있다.
君子遵道而行, 半塗而廢, 吾弗能已矣. 君子依乎中庸, 遯世不
見知而不悔, 唯聖者能之.

—『중용』「제11장」[43]

또, '중용'은 행하기 어렵지만, 일상적이고 상식적인 것을
벗어난 것은 아니다. 그런데 세상에는 자신을 남보다 더 잘
드러내 보이려고 별난 행동을 하는 사람들도 있다. '중용'
은 이러한 것이 아니다. '중용中庸'의 '용庸'을 정이程頤는 '평상
平常'이라고 풀이하지 않았던가. 『중용』에 나오는 공자의 말
이 그 점을 지적한다.

은밀하고 구석진 어떤 것을 찾아내고 괴이한 짓을 행동으로

옮기는 것은, 후세에 그것을 기술할 사람들이 있겠지만, 나는 그런 짓 따위는 하지 않는다.

素隱行怪, 後世有述焉, 吾弗爲之矣.

—『중용』「제11장」

제7장
'중용'을 실천하는
군자의 도와 그 삶의 태도

　여태까지 '중용'은 실천하기가 어려움을 말해 왔다. 그렇지만 군자는 당연히 '중용'을 실천해야 한다. 왜냐하면 그것은 군자의 의무이고, 또 군자가 최종적으로 지향하는 이상적 인격체인 성인聖人에 이르는 방법이기 때문이다. 그런데 이렇게 어려워서야 어떻게 실천할 수 있겠는가. 애당초 도중에 포기하거나 꿈도 못 꾸거나 하지 않을까. 『중용』에서는 군자가 실천해야 할 '중용'의 도가 어떤 성격의 것인지를 아주 묘하게 말하고 있다. 한편으로는 쉽고 평범한 것인 듯, 한편으로는 어렵고 심오한 것인 듯. 『중용』에서는 '중용'의 도를 '군자의 도'로 말하면서 이렇게 묘사한다.

군자君子의 도道는 넓게 쓰이면서도 은미하다(費而隱).[44] 보통 부부의 어리석음으로도 더불어 알 수 있기도 하지만, 그 지극함에 이르러서는 비록 성인聖人이라도 알 수 없는 부분이 있고, 보통 부부의 불초不肖함으로도 행할 수 있기도 하지만, 그 지극함에 이르러서는 비록 성인이라도 행할 수 없는 부분이 있다. 하늘과 땅만큼 큰 것도 사람에게는 오히려 유감스러운 바가 있으므로, 군자가 큰 것을 말하면 천하에 다 실을 수 없는 것이 있고, 작은 것을 말하면 천하에 다 깨뜨릴 수 없는 것이 있다.[45] 『시』에 이르기를, "솔개는 하늘로 날아오르고, 물고기는 못에서 뛰놀도다" 하니 위아래로 드러남을 말하는 것이다. 군자의 도는 보통의 부부에서 발단되나 그 지극함에 이르러서는 하늘과 땅에 드러난다.

君子之道費而隱. 夫婦之愚, 可以與知焉, 及其至也, 雖聖人亦有所不知焉; 夫婦之不肖, 可以能行焉, 及其至也, 雖聖人亦有所不能焉. 天地之大也, 人猶有所憾, 故君子語大, 天下莫能載焉; 語小, 天下莫能破焉. 詩云: "鳶飛戾天, 魚躍于淵." 言其上下察也. 君子之道, 造端乎夫婦; 及其至也, 察乎天地.

—『중용』「제12장」

군자가 실천하는 도, 즉 '중용'의 도는 인간의 모든 행위와 그 행위의 의미를 포괄한다. 그런데 인간은 다른 만물과 함께 천지우주 내의 존재이면서도 그 대표성을 지니고 있다. 따라서 인간의 행위는 표면적으로는 사회적 관계 속의 도덕적 행위지만 그 이면으로는 일체 현상을 포괄하는 세계 전체의 본체성에 맞닿아 있다. 단순한 사회적 관계의 행위, 즉 『대학』에서 말하는 '가', '국', '천하'의 문제는 보통의 필부필부匹夫匹婦, 즉 범인凡人도 알 수 있는 것이지만, 세계의 본체성 문제는 일체 현상의 개별성을 넘어선 보편성·초월성의 문제이므로, 성인聖人의 경지로도 알기 어려운 면이 있기도 한 것이다.

세계의 본체성은, 더 이상 작은 것을 상정할 수 없는 미시적 세계, 즉 안이 없는 세계에서부터, 더 이상 큰 것을 상정할 수 없는 거시적 세계, 즉 밖이 없는 세계에 이르기까지 일체를 포괄한다. 이 세계는 그러면서도 밖으로 드러나는 현상적 질서를 유지하고 있다. 하늘에 솔개가 날고, 못에는 물고기가 뛰놀고, 각자의 본성에 따라 세계를 그려, 세계는 모든 현상적 존재들의 아름다운 그림으로 나타난다. 솔개는 솔개의 본성에 따라 자연스럽게 날고, 물고기는 물고기의 본성에 따라 자연스럽게 뛰노는 것은 자연 자체의 질서와 조화이다. 자연은 그 자체가 '중화'의 '중용'인 것이다.[46]

여기서 군자의 도라 표현하고서도, 그것에 대하여 군자보다 더 높은 경지인 성인도 알 수 없는 부분이 있다고 함은 어폐가 있어 보인다. 그러나 엄밀히 말하면 군자는 완성된 존재가 아니므로 여기서의 군자의 도는 군자가 지향하는 도로서의 '중용'의 도이다. 그러면서도 그 완성의 측면에서 말하면 성인의 도라 할 것이다. 당장은 달성되기 어려운 목표로서의 도인 것이다. 다시 말해 '중용'의 도는 실천과정의 측면에서는 군자의 도이지만, 그 완성된 목표의 측면에서는 성인의 도이다. 그래서 가까운 듯하면서 먼 듯도 하다. 그 가까운 측면에서 『중용』에서는 이렇게 말하였다.

공자가 말하기를, "도道는 사람에게서 멀지 않다. 사람이 도를 행하는데 (그것이) 사람에게서 멀다면 그것은 도로 삼을 수 없다. 『시』에 이르길, '도끼 자루를 베도다, 도끼 자루를 베도다. 그 법칙이 멀지 않도다'라고 하였다. 도끼 자루를 잡고서 도끼 자루를 베면서 겨누어 보고서도 오히려 멀다고 여긴다. 그러므로 군자는 사람으로서 사람을 다스리다가 고쳐지거든 그친다. 충忠과 서恕는 도에서 멀지 않다. 자신에게 베풀어 보고서 원치 않는 것은 역시 남에게 베풀지 말아야 한다. 군자의 도가 네 가지인데, 나(구丘, 공자 자신)는 그중에 한 가지도 아직 능히 하지 못하였다. 자식에게 요구하는 바로서 아버지 섬김을 아직 능히 하지 못하였고, 신하에게 요구하는 바로서 임금 섬김을 아직 능히 하지 못하였으며, 아우에게 요구하는 바로서 형 섬김을 아직 능히 하지 못하였고, 벗에게 요구하는 바로서 먼저 이를 베푸는 일을 아직 능히 하지 못하였다. 평상의 덕을 행하고, 평상의 말을 삼감에 부족한 바가 있으면 감히 힘쓰지 않을 수 없고, 남음이 있을 경우에도 감히 다해 버리지 않는다. 말은 행동을 돌아보고, 행동은 말을 돌아보는 것이니, 군자가 어찌 독실히 힘쓰지 않겠는가!"

子曰: "道不遠人. 人之爲道而遠人, 不可以爲道. 詩云: '伐柯伐柯, 其則不遠.' 執柯以伐柯, 睨而視之, 猶以爲遠. 故君子以人治人, 改而止. 忠恕違道不遠, 施諸己而不願, 亦勿施於人.
君子之道四, 丘未能一焉: 所求乎子, 以事父未能也; 所求乎
臣, 以事君未能也; 所求乎弟, 以事兄未能也; 所求乎朋友, 先
施之未能也. 庸德之行, 庸言之謹, 有所不足, 不敢不勉, 有餘
不敢盡; 言顧行, 行顧言, 君子胡不慥慥爾!"

—『중용』「제13장」

'중용의 도'는 행하기 어렵다. 그렇지만 그 실천할 내용은
너무나 평범하고 쉬워 보인다. 평소에 세상을 살면서 행할
수 있는 가장 평범한 내용이다. 이 도는 어떤 고원한 것이
아니다. 그래서 사람에게서 멀지 않다고 했는데, 그 비유가
재밌다. 『시』에 나오는 내용을 인용한바, 어떤 이가 새로운
도끼 자루가 필요해서 산에 들어가 도끼 자루에 적합한 나
무를 베려 하는 상황이다. 이때 그는 과연 어느 정도 길이
에 어느 정도 굵기로 해야 적당할지를 고민한다.

사실 이 고민은 너무나 우스꽝스럽다는 것이다. 왜냐하
면 새로운 도끼 자루를 베기 위해서 사용하는 도구가 바로
자신이 산에 가지고 들어간 기존의 도끼이기 때문이다. 즉

기존 도끼의 자루를 보면 바로 답이 나온다는 것이다. 그 기준을 바로 자신이 쥐고 있는 것이다. 도는 멀지 않다는 것이다.

사회적 측면에서 '중용의 도'는 사람과 사람의 관계에서 쓰이는 것이다. 위정자에게는 사람 다스림에 쓰이는 도이다. 일반적으로 말해서 인간관계 속에서의 행위에 관한 법칙이다. 그런데 이 법칙이 어떤 것인지를 고민하는 자신이 바로 사람이다. 그리고 그 법칙은 그 자신과 가장 가까운 사람과의 관계에서 출발한다. 결국 다른 사람을 어떻게 대할까 하는 것인데, 그 방법은 자신과 남의 입장을 바꿔 생각해 보는 것이다. 『대학』에 나오는 '혈구지도絜矩之道'라는 말이 이 의미다.[47] 여기서는 공자가 직접 그것에 해당하는 자신의 용어 '충忠'과 '서恕'를 사용하였다. 인간관계는 결국 '충·서'이다. 내가 남에게 요구하는 것, 바로 그것을 오히려 나 자신이 먼저 행하는 것이다. 공자는 자신이 그러한 것을 잘 하지 못하였다는 자책 또는 겸손으로 이 이치를 말하고 있다.

유가사상의 진리, 공자가 말하는 진리는 너무나 평범하

다. 그러므로 따지고 보면 너무 쉽다. 그런데 '중용'의 덕은 어렵다고 한다. 이 평범한 덕을 행하고, 이 평범한 말을 조심함에 모자람도 지나침도 없이 적절히 하는 것이 '중용'을 실천함인데, 바로 이것이 어렵다. 우리 스스로 인생을 살면서 무수히 겪는다. 너무나 쉬울 수 있는 주위 사람과의 관계 설정. 그런데 그것이야말로 얼마나 어려운 것이던가. 어려운 이유는 결국 앞에서 말한바 자신의 마음 다스림, 인욕 다스림의 적절성이 그 관건이기 때문이다. 그런데 그것이 잘 안 되어서 우리는 인간사회에 온갖 '불화'를 만든다. '중용'의 도에 해당하는 실천 내용은 평범하다. 그것을 평범하지 않게 만드는 것은 바로 인간 자신인 것이다.

이렇게 평범하고 가까운 '중용'의 도이기에 군자가 그 도를 실행함도 바로 가까운 데서 시작한다. 그래서 『중용』에서는 이렇게 말하고 있다.

군자의 도는, 비유하자면 먼 곳으로 가려면 반드시 가까운 곳에서 시작해야 하고, 또 비유하자면 높은 곳으로 올라가려면 반드시 낮은 곳에서 시작해야 함과 같다.

『시』에서 "처자가 화합하여 금瑟과 슬琴을 탐과 같고, 형제가 화목하여 화락和樂하게 즐기도다. 너의 집을 마땅하게 하고, 너의 아내와 자식을 즐겁게 해 주어라"라고 하였는데, 공자께서는 "부모님이 안락하시리라!"라고 하였다.

君子之道, 辟如行遠必自邇, 辟如登高必自卑. 詩曰: "妻子好合, 如鼓瑟琴; 兄弟既翕, 和樂且耽; 宜爾室家; 樂爾妻帑." 子曰: "父母其順矣乎!"

—『중용』「제15장」

『중용』에서는, '중용'을 지키려는 군자의 도는 지극히 간단하고 지극히 당연한 이치에서 출발한다고 본다. 먼 곳을 가려면 가까운 데서, 높은 곳에 올라가려면 낮은 곳에서 시작함은 너무나 뻔한 말이 아닌가. 이처럼 뻔한 이치가 '중용'의 도라는 것이다. 그런데 그 시작점, 즉 비유에 해당하는 가까운 곳, 낮은 곳을 가정(家)에 두었다. 『대학』의 치국, 평천하를 위해 수신, 제가에서 시작한다는 논리와 같은 것이다. 앞에서 말한 것처럼 원인을 자신에게 두는 태도가 '수신'이라면, 여기서는 '제가'에 대해서 말한 것이다. 처자

식과 형제가 화목하면 그것을 보는 부모도 편안하고, 안락
할 거라는 것이다.

도덕실천자로서의 군자는 이렇게 가까운 곳, 즉 가정에
서부터 시작하여 각자의 처지와 입장에 따라서 자신이 원
하는 경우든 원하지 않는 경우든 세상의 온갖 일을 겪을 수
있다. 이렇게 세상의 온갖 일을 겪는 군자는 어떤 태도를
지녀야 하는가. 『중용』에서는 이렇게 말한다.

군자君子는 그 자리에 처하는 대로 행하고, 그 밖을 바라지 않
는다. 부귀富貴에 처해서는 부귀에 맞게 행하고, 빈천貧賤에
처해서는 빈천에 맞게 행하며, 이적夷狄에 처해서는 이적에
맞게 행하고, 환난患難에 처해서는 환난에 맞게 행한다. 군자
는 어디든 들어가는 곳마다 스스로 만족하지 않음이 없다.
윗자리에 있으면 아랫사람을 업신여기지 않고, 아랫자리에
있으면 윗사람을 붙잡지 않는다. 자기를 바르게 하고 남에게
원인을 구하지 않으면 원망이 없을 것이다. 위로 하늘을 원
망하지 않고, 아래로 사람을 탓하지 않는다. 그러므로 군자
는 평이함에 거처하여 명命을 기다리고, 소인은 위험한 것을

행하여 요행을 바란다.

공자가 말하기를, "활쏘기에는 군자와 비슷한 측면이 있으니, 정곡을 맞히지 못하면 돌이켜 그 자신에게서 원인을 구한다"라고 하였다.

君子素其位而行, 不願乎其外. 素富貴, 行乎富貴; 素貧賤, 行乎貧賤; 素夷狄, 行乎夷狄; 素患難, 行乎患難; 君子無入而不自得焉. 在上位不陵下, 在下位不援上, 正己而不求於人則無怨. 上不怨天, 下不尤人. 故君子居易以俟命, 小人行險以徼幸. 子曰: "射有似乎君子; 失諸正鵠, 反求諸其身."

―『중용』「제14장」

'중용'은 어떤 상황에 처하여서도 그 상황에서의 자신의 역할과 임무에 가장 적절하고 마땅하게 행동하는 것이다. 그러한 것을 특히 시간적 의미를 부각시켜 '시중時中'이라 한다 했다. 군자가 그 자신이 처한 자리에 맞게 행동하고 그것을 벗어난 것을 생각하지 않음은 곧 '시중'이다. 『논어』에서, 공자의 말에 "그 지위에 있지 않으면 그 정치에 대해서 논의하지 않는다(不在其位, 不謀其政)"(『논어』「태백泰伯」)고 함과,

공자의 제자인 증자의 말에 "군자는 생각함이 그 지위를 넘어서지 않는다(君子思不出其位)"(『논어』「헌문憲問」)[48]고 한 것과 같은 취지다.

군자는 부귀한 상황이든, 빈천한 상황이든, 이적夷狄(당시 중국의 주변 민족. 중국만큼 문명화되지 못한 곳을 말하는 의도이다)에 처한 상황이든, 환난에 처한 상황이든, 그 처한 상황에 대해서 불만을 가지지 않고 오로지 그 상황에서 자신이 어떻게 해야 '중용'인가만을 생각한다. 어려운 상황에 처해도 그 원인을 두고 하늘을 원망하거나 남을 탓하지도 않는다. 마치 활을 쏠 때 활을 쏜 결과는 오로지 자신에게 원인이 있듯이, 자신이 처한 상황의 원인을 자신에게서 찾는다. 저돌적이고 무모한 모험을 하여 요행을 바라지 않고, 자신이 처한 일상적 상황에서 결과로서의 명命을 기다린다.

제8장
'성誠'과 '성지誠之' 그리고
성인聖人 되는 방법

　앞에서 '중용'의 실천은 어렵다고 이야기하였다. 그렇지만 어려워도 그 길을 가야 한다. 실천해야 한다. 그러면 어떻게 실천에 옮기는가. 삶에 있어서 매사 '중용'을 실천함은 곧 성인聖人으로 가는 길이기도 하다. 성인은 모든 경우에 '중용'을 지킬 수 있는 존재이다. 즉 '중용'이 몸에 밴 존재이다. 그러면, 어떻게 해야 '중용'이 몸에 배어 성인이 될수 있을까. 『중용』에는 그 방법이 제시되어 있다. 무엇일까. 그것은 꾸준한 노력이다. 쉽지 않으나 이러한 노력으로이룰 수 있음을 말하고 있다.

　『중용』에서는 이를 말하기 위해서 통상 핵심적인 용어로

등장하는 '도'를 꺼내 든다. 『중용』에서는 우선 인간의 실천과 그 노력의 근거로서, 아니 그 이전에 모든 존재의 근원으로서 하늘의 도를 말한다. 『중용』에서는 이미 서두에서 '도'를 말하였다. 그것은 하늘이 명한 존재의 본성, 특히 인간의 입장에서 인간 존재의 본성인 '성性'을 따르는 것을 바로 '도'라고 명명하였다. 이 '성'을 따르는 주체가 사람이므로 이 도는 사람의 도, '인도人道'이다. 즉 사람이 걸어가야 하는 길이다.

이 길은 우리 인간이 벗어나서는 안 될 길이다. 그래서 남이 보지 않고 듣지 않는 곳에서라도 방심할 수 없이 그 길은 우리와 함께하는 길이므로 항상 조심하라고 했다. 이 것은 사람이 삶을 꾸려 갈 때 행위의 준칙이 되는 도덕원리이다. 이 인도로 부르는 도덕원리가 그 타당성을 부여받는 근거가 있다. 바로 하늘의 길인 '천도天道'이다. 그래서 『중용』의 도덕철학의 핵심은 이 '천도'와 '인도'의 관련성이 된다. 이제 『중용』은 하늘과 사람의 관계를, 하늘이 부여한 '성性'을 따르는 것을 '도'라고 하면서 말했던 것을, 표현을 바꾸어 이야기한다. 그것은 '성誠'과 '성지誠之'라는 것이다.

다음을 보자.

'성誠'이란 하늘의 도이고, '성誠하려고 하는 것'은 사람의 도
이다. '성誠'이란 힘쓰지 않아도 '중中'하고, 생각하지 않아도
얻어지며, 가만히 도에 맞으니(中), '성인聖人'이다. '성誠하려
고 하는 것'은 선善을 골라서 그것을 굳게 잡는 것이다.

誠者, 天之道也; 誠之者, 人之道也. 誠者不勉而中, 不思而得,
從容中道, 聖人也. 誠之者, 擇善而固執之者也.

— 『중용』 「제20장」

'성誠'은 우리말로 풀면 '정성(됨)' 또는 '성실(함)'이다.[49] 이
'성실'이라는 '성誠'이 왜 하늘의 도인가? 그것은 끊임없이
쉬지 않고 운행하는 자연에서 취한 이미지다. 자연을 보
면, 낮이 오고 밤이 오고, 또다시 낮이 오며, 그리고 봄, 여
름, 가을, 겨울이 순환하며 끊임없이 운행하고 있다. 인간
사가 어떠하든, 하늘의 태양은 언제나 빛나고, 파도는 계
속 해변으로 밀려오며, 새들은 계속 지저귀고, 밤하늘의 별
들은 계속 반짝거린다. 하늘에는 솔개가 날고, 못에는 물

고기가 뛰논다. 인간이 억지로 닭의 목을 비틀어도 새벽은 온다. 이렇듯 자연은 성실하다. 자연에 이러한 성실함이 없다면 우주는 사라진다. 그래서 하늘의 도를 '성誠'이라고 한 것이다.

이러한 자연 속에서 인간은 어떻게 살아가야 할까. 그런데 인간도 이 자연의 일부다. 더구나 유가사상에서는 인간이 천지와 더불어 자연의 대표임을 자처한다. 그리고 여기서 더 나아가 능동적으로 자연과 교감하여 그에 참여하려한다. 인간사가 어떠하든 성실하게 운행하는 자연에 이제인간은 스스로 적극적으로 참여해야 한다. 어떻게 참여하는가. 바로 자연의 원리를 인간의 원리로 받아들여 함께하는 것이다. 천도인 '성誠'을 인도로 받아들이는 것이다. 그것을 『중용』에서 '성지誠之'[50]로 표현했다.

'성誠'이라는 말은 명사이면서 자동사의 명사형이기도 하다. 이것이 '성지誠之'에서는 타동사화한다. '지之'는 목적어로서의 대명사이다. 이것은 무엇을 지칭하는가. 우선 성誠을 타동사화하는 형식목적어이기도 하지만, 여기서 굳이 내용을 말한다면 도덕주체인 인간 자신이다. 즉 '인간 자신을 성실하게 함'이다. 그래서 이것이 사람의 도로서의 도덕법칙이 된다. 즉 하늘의 자연법칙을 능동적, 적극적으로 사람의 도덕법칙으로 받아들이는 것이다. 이 '성誠'이라는 글자는 자연이 끊임없이 운행한다는 의미에서 존재법칙을 기술하는 '사실'술어이다. 그런데 동시에 당위법칙에 관한 '가치'술어이기도 하다. 이러한 중첩적 의미 속에서 존재법칙을 당위법칙으로 받아들이는 것이다.[51]

그런데, 그다음 이어서 나오는 글, '성誠'과 '성지誠之'를 더 설명한 부분이 의미심장하다. 먼저 '성誠'이란 "힘쓰지 않아도 중中하다" 했다. 즉 본래 '중'한 것이다. 이렇게 '성'을 '중'에 연결함은 하늘의 원리가 '성'인 동시에 '중'이라는 취지다. 그래서 우주만물의 본래 상태는 '성'하면서도 '중'하다는 것이다. 이것은 도덕주체의 '희로애락'이 발동하기 전 본래 상태인 '중'과 유비·대응된다. 대우주의 원리와 소우주의 원리가 같은 것이다. 더구나 그다음 글에서는 어느덧 하늘과 사람을 구분하지 않고 말한다. "생각하지 않아도 얻어지며, 가만히 도에 '중中'하니(맞으니),[52] 성인聖人이다"라는 것이 그것이다. 하늘의 원리인 '성誠'과 인간의 이상적 표준인 '성인'을 일치시킨 것이다.

이 '성誠'을 이야기하는 것이 『중용』의 클라이맥스다. 실제 '중용'을 이루기 위해서 우리는 구체적으로 어떻게 해야 하는가. 참으로 막연했다. 더구나 '중용'은 어렵다 했다. 그렇다면 '중용'의 도를 얻기 위해 어떻게 해야 할까. 산속에 들어가서 수행할까? 토굴 속에서 도를 닦을까? 그런데 『중용』에서는 그렇게 말하지 않는다. 바로 이 '성誠'에 그 답이 있다. '중용'은 삶의 일상을 통해서 꾸준히 노력하고 실천하는 가운데 이루어지기 때문이다. '중용'은 하루아침에 이루어지지는 않는 것이다. 그래서 하늘의 도인 '성誠'을 사람의 도로 가져와 꾸준히 노력하고 실천하는 것이다.

맹자는 '호연지기浩然之氣'를 키우는 데에 꾸준한 노력과 실천이 필요하다 했다. 이 '호연지기' 역시 하루아침에 이루어지지 않는다. 맹자는 '호연지기'가 잘 이루어지지 않는다 해서 잊어버리지도 말고, 그렇다고 해서 빨리 이루려고 벼이삭을 억지로 끌어올리듯이 '조장助長'하지도 말라 했다. 호연지기는 꾸준한 '집의集義'(의를 모음)를 통해서, 옳은 일을 꾸준히 계속 행함으로써 얻을 수 있는 것이다(『맹자』「공손추

公孫丑상上」참조). '중용'도 그러하다. '중용' 역시 꾸준한 도덕 실천을 필요로 한다.[53]

'성誠'한다는 것은 도덕적인 삶의 태도를 유지하는 것이다. '중용'의 실천적 삶이 이러한 것이다. 그래서 『중용』에서는 '자신을 성실하게 하는 것' 즉 '성신誠身'하는 방법은 '선善'에 밝은 것(誠身有道: 不明乎善, 不誠乎身矣)이라 하였고 (『중용』「제20장」), 또 '성지誠之'를 '선善을 골라서 그것을 굳게 잡는 것(誠之者, 擇善而固執之者也)'(『중용』「제20장」)이라 정의하는 것이다.

'중용'은 일상의 꾸준한 실천 속에서 이루어진다. 은둔하여 도 닦듯이, 설산에서 고행하듯이 할 필요 없이, 일상생활 속에서 이루어지는 것이기 때문에 쉽다고 볼 수도 있지만, 한 번에 이루어지지 않고 꾸준히 인내심을 가지고 지속해 나가야 얻을 수 있는 덕이므로 어렵기도 하다. 사실상 '중용'의 어려움은 꾸준함을 감내하기가 어렵기 때문에 그렇다고 볼 수 있다. 앞에서 '중용'의 실천을 말할 때, 공자가 안회를 보통 사람과 다르다고 한 것도 바로 이 점이다. 이 꾸준함이 바로 '성誠'이다. 그 방법은 이미 말한 대로 선善을 밝힘, 선을 골라 굳게 잡음, 그것도 꾸준히 밝히고 잡음이다.

그렇다면 왜 우리는 이렇게 '성誠'을 지향해야 하는가. 그것은 바로 '성誠'이 하늘의 도이고, 또 『중용』의 첫 명제에서 말한 바와 같이 우리의 본성(性)이 바로 하늘이 부여한 것이기 때문이다. 원래 하늘은 '중용'의 원리가 저절로 실현되어 있는 것이다. 하늘의 '성誠'함이 곧 자연의 '중용'을 저절로 실현하고 있는 것이다. 그래서 하늘이나 성인이나 모두 본래 자연스럽게, 억지로 생각할 필요 없이 진리의 표준인 상태여서 '도'에 맞는다고 하였다. 앞에서 말한바 '절도에 맞음'의 상태가 원천적으로 '도에 맞음'으로 구현되어 있는 것이다. 하늘이 곧 성인이고, 성인이 곧 하늘이라는 말이다. 하늘과 성인은 모두 '중용'의 도가 실현된 상태인 것이다. 이러한 하늘이면서 성인의 상태를 지향하는 것이 '성지'이다. 이 '성지'하는 주체는 도덕실천자인 군자이다.

그러면, 군자는 어떻게 함으로써 '하늘이면서 성인임' 즉 '성誠'을 지향하는가. 그것은 바로 앞에 말한 '선善을 밝힘'이요 '선善을 골라서 그것을 굳게 잡음'으로써이다. 즉 '선을 견지함'이다. 동시에 도덕주체가 '성誠'을 지향하는 '성지誠之'를 함은 『대학』의 '성의誠意'와 연관되기도 한다. 결국 실천하기 어려운 '중용'이지만, 그래도 그것을 실천함이란, 다름이 아니라 하늘처럼 성실한 태도로 선을 굳게 잡아서 삶을 살아가는 것이다.

그다음 『중용』은 이렇게 '성지'하는 실천행위를 보다 구체화하여 제시하고 있다. 그것은 바로 이어서 나오는 구체적 실천조목이다. "博學之(박학지), 審問之(심문지), 愼思之(신사지), 明辨之(명변지), 篤行之(독행지)"(『중용』「제20장」) 곧 "그것(선善)을 널리 배우고, 그것을 자세히 묻고, 그것을 신중하게 생각하고, 그것을 밝게 분별하고, 그것을 독실하게 행동한다"는 것이다.[54] 앞의 넷은 '지知'에 관한 것이고, 맨 뒤는 '행行'이다. 그런데, 『대학』에서 '지어지선止於至善'이라 했는데, 역시 『중용』에서도 지향하는 바가 '선善'이다. 구체적 상황에서 어떤 것이 '중용'인가 하는 것은 그 상황에서 어떤 것이 의義로움을 실천하는 최선의 상태인가 하는 것이다. 그것은 그 상황의 '절도'이기도 하다.

그러면 이 '선善'을 어떻게 알 수 있는가. 그것은 수학 문제의 답처럼 제시되기는 어렵다. 공부가 필요하고, 노력이 필요하다. 그 과정이 이 다섯 조목이다. 먼저 선에 대해 널리 배워 그것에 관한 자료를 두루 확보한다. 그다음에는 그 자료를 검증하기 위한 단계로서 자신이 모르는 부분을 자세히 묻는다. 그러고 난 후 다시 자신의 판단으로 신중하게 생각한다. 이러한 과정을 거쳐 그 자료를 밝게 분별하여 옥석을 가리게 되는 것이다. 그래서 최종적으로 알게 된 선을 실천하는데, 그것도 매우 독실하게 실천한다.

『중용』에서는 이러한 과정을 대충 해서는 안 된다고 생각한다. 철두철미하게 해야 한다. 그래서 우선 '박학'의 단계에서 "차라리 배우지 않음이 있을지언정, 일단 배우면 능하지 않고서는 놓지 않는다(有弗學, 學之弗能弗措也)"(『중용』 「제20장」)라고 한다. 대충 배우려면 차라리 시작도 하지 말라는 것이다. 철두철미, 완전할 때까지 물고 늘어지란다. '박학'뿐만이 아니다. 이어지는 '심문', '신사', '명변', '독행' 모두 철두철미, 완전할 때까지 하란다.

그런데 사람마다 역량에 따른 개인차가 있기에 여기서는 특히 남보다 역량이 작은 사람에 주목해서 용기를 주며 격려한다. "다른 사람이 한 번 만에 그것을 능히 할 수 있는데 자신은 그러지 못하면, 자신은 백 번이라도 해라. 다른 사람이 열 번 만에 그것을 능히 할 수 있는데 자신은 그러지 못하면, 자신은 천 번이라도 해라. 과연 이 방법을 잘 실천하면, 비록 (지知의 측면에서) 어리석다 해도 반드시 총명해질 것이고, 비록 (행行의 측면에서) 유약하다 해도 반드시 강해질 것이다(人一能之. 己百之. 人十能之. 己千之. 果能此道矣, 雖愚必明, 雖柔必强)"(『중용』「제20장」)라고 한다.

사람마다 개인차가 있어서 날 때부터 아주 출중한 사람도 있고, 배워서 아는 사람들도 있지만, 목표를 이루고 나면 다 마찬가지라는 점을 『중용』은 이렇게도 말한다.

성誠으로부터 시작하여 명明해짐을 '성性'이라 하고, 명明으로부터 시작하여 성誠해짐을 '교敎'라 한다. (그렇지만) 성誠하면 명明하고, 명明하면 성誠하다.

自誠明, 謂之性; 自明誠, 謂之敎. 誠則明矣, 明則誠矣.

—『중용』「제21장」

태어나면서부터 하늘의 도인 성誠을 얻은 사람이 현실에

서 밝음(명明)인 지혜를 가지는 경우는 그 선천적 본성에 따라 그러한 것이며, 후천적인 밝음인 지혜로부터 시작하여 하늘의 도인 성誠에 도달하는 경우는 가르침(교敎)에 의한 것인데, 어느 쪽에서 시작하든 성誠과 명明은 결국 상호 교차되는 것이다.

아무리 어리석은 사람이라도, 아무리 유약한 사람이라도, 노력하면 하늘의 도인 성誠에 도달할 수 있다는 것은, 비유하자면 불교에서 말하는바 중생의 여러 근기根機, 즉 상근기上根機, 중근기中根機, 하근기下根機가 있으나 노력하면 일체 중생이 모두 부처가 될 수 있는 불성佛性이 있다는 것과 비슷하다. 타고난 개인적 자질의 차이가 있더라도 누구나 노력하면 성인이 될 수 있고, 그렇게 해서 성인이 된 상태는 결국은 다 마찬가지란 것이다.

제9장

성인聖人의 경지

― 지성至誠과 지성至聖

    이렇게 우리가 '중용'을 행하기 위해서 하늘의 도인 '성誠'에 도달하려고 '성지誠之'의 노력을 경주했다고 하자. 그러면 그 최고단계는 당연히 '성聖'을 획득한 상태인 '성인聖人'의 경지다. '성誠'의 상태가 곧 '성인聖人'의 상태인 '성聖'이기 때문이다. 이렇게 도달한 최고의 경지는 곧 최고의 '성誠'의 상태인 '지극한 성誠' 즉 '지성至誠'이다.[55] 불교에서 불교의 성인인 부처가 되는 방법을 말하고 있는데, 유교의 성인되는 방법은 이 성실한 삶의 방법으로서의 '성誠'이고 동시에 그 목표도 '성誠'이다. 이 '성誠'의 상태가 되면 매사에 '중용'을 지킬 수 있는, 즉 '희로애락'이 발하여 언제나 절도에 맞는 '화和'의 상태가 되는 것이다. 그 최고의 상태가 바로 '지성至誠'이며 동시에 '지성至聖'이기도 하다.

『중용』에서는 성인의 상태인 지성至誠의 경지를 여러 가지로 묘사하고 있다. 그리고 말미에 역시 직접적으로 '성인聖人'의 '성聖' 자를 쓴 '성인'의 경지인 '지성至聖'이라는 표현을 한 번 쓰고 있다. 이러한 '지성至誠'의 경지는 어떠한 상태일까. 『중용』은 우선 이렇게 말한다.

오직 천하의 지성至誠의 경지만이 자신의 본성(性)을 다할 수 있다. 자신의 본성을 다할 수 있으면, 모든 사람의 본성을 다할 수 있다. 모든 사람의 본성을 다할 수 있으면, 모든 만물의 본성을 다할 수 있다. 모든 만물의 본성을 다할 수 있으면, 하늘과 땅의 화육化育을 도울 수 있다. 하늘과 땅의 화육을 도울 수 있으면, 하늘과 땅과 더불어 함께 참여할 수 있다.

唯天下至誠, 爲能盡其性; 能盡其性, 則能盡人之性; 能盡人之性, 則能盡物之性; 能盡物之性, 則可以贊天地之化育; 可以贊天地之化育, 則可以與天地參矣.

—『중용』「제22장」

156

유가철학은 지극한 인간 중심주의이다. 『중용』에서 그런 측면이 아주 잘 드러나고 있다. 우리가 자기 수양을 통하여 '지극한 성誠'의 상태에 도달하면 그 주체인 자신의 본성(性)을 철저히 자각할 수 있고, 그래서 역시 사람인 다른 사람의 본성(性)을 알 수 있어서 인류로서의 모든 사람의 본성을 꿰뚫어 알 수 있다.

또 사람은 하늘과 땅 사이의 만물 중 하나이면서 모든 만물의 대표이다. 본질적으로 사람을 포함한 모든 만물은 자연 속에서 동일한 원리의 보편성에 뿌리를 둔다. 그래서 이렇게 모든 사람의 본성을 알 수 있으면, 마찬가지로 모든 만물의 본성도 꿰뚫어 알 수 있다. 이에 더 나아가 하늘이 만물을 화化하고(만들고) 땅이 만물을 육育하는(기르는) 하늘과 땅의 우주 생성변화를 도울 수 있으며, 이렇게 한다는 것은 곧 하늘과 땅과 더불어 대등하게 이러한 우주 생성변화에 참여한다는 의미가 된다는 것이다.

이러한 사상을 중국철학계에서는 '천인합일天人合一'사상이라 부른다. 하늘과 사람이 하나로 합한다는 것이다. 천인합일이 된 존재가 바로 '성인聖人'이다. 그 방법은 하늘의 원리인 '성誠'을 추구하여 자신도 이 '성誠'을 획득한 상태가 되는 것이다. 그 방법 역시 평소에 성실함으로서의 '성誠'의 생활을 꾸준히 지속하여 궁극에는 지극한 '성誠'의 상태가 되는 것이다. 이것이 곧 언제나 '중용'을 지키는 상태이기도 하다.

위의 말은 '지성至誠'의 상태에서 이룰 수 있는 거시적 효과이다. 그런데 이 지성의 상태에서 이러한 거시적 효과만 이룰 수 있는 것은 아니다. 미시적 부분에서도 나타난다. 매크로코스모스macrocosmos뿐 아니라 마이크로코스모스microcosmos, 즉 거대한 대우주뿐 아니라 미세한 소우주인 원자, 미립자의 세계까지도 '지성'의 신묘함이 관여한다. 그래서 『중용』은 이렇게 말한다.

그다음(其次)은 미세한 것을 추구하는 것이다. 미세한 것에도 '성誠'을 가질 수 있다. (그래서) '성'하면 형체화되고, 형체화되면 뚜렷해지고, 뚜렷해지면 밝아지고, 밝아지면 움직이고, 움직이면 변하고, 변하면 화化(만듦, 생성)한다. 오직 천하의 지성만이 화化할 수 있다.[56]

其次致曲, 曲能有誠, 誠則形, 形則著, 著則明, 明則動, 動則
變, 變則化, 唯天下至誠爲能化.

— 『중용』「제23장」

우주宇宙는 공간(宇)과 시간(宙)을 말하지만 앞에서는 특히
공간적 측면을 들어 '지성'의 공효功效가 거시적, 미시적으로
발휘됨을 말하였다. 그런데 『중용』은 이어서 시간적 측면
에서의 지성의 공효를 말하고 있다.

지성의 도로써 앞서 알 수 있다. 나라와 집안이 장차 흥하려
하면 반드시 좋은 징조가 있게 되고, 나라와 집안이 장차 망
하려 하면 반드시 나쁜 징조가 있게 되어, 그러한 것이 시초
점과 거북점에 나타나며, 당사자의 몸에서 움직임으로 표출
된다. 화禍와 복福이 이르려 할 때는, 선善한 것도 반드시 먼
저 알려 주고, 불선不善한 것도 반드시 먼저 알려 주는 것이
다. 그러므로 지성은 '신神'과 같다.
至誠之道, 可以前知. 國家將興, 必有禎祥; 國家將亡, 必有妖
孽; 見乎蓍龜, 動乎四體. 禍福將至: 善, 必先知之; 不善, 必先

知之. 故至誠如神.

—『중용』「제24장」

'지성'의 상태를 얻은 성인은 공간적인 측면에서도 시간
적인 측면에서도 모두 우주의 섭리를 깨닫게 되는 지혜를
얻게 된다. 그래서 장래의 일에 대한 통찰력이 생긴다는 말
이다.

그런데 여기서는 『주역』의 「계사전繫辭傳」과 상통하는 면을
보이고 있다. 『주역』이야말로 우주의 변화섭리를 깨달아 장
래를 예측하는 통찰력을 얻으려는 문헌이다. 『주역』 텍스
트를 해석한 초기 해설 중 하나인 「계사전」에서는 '신神'과
'화化'를 중요한 주제로 다루고 있다. 이 '신神'은 뒤에서 곧
이야기하게 될 『중용』의 '귀신鬼神'의 '신神', 즉 '귀鬼'와 짝하
여 나오는 '신神'과는 다르다. 여기서의 '신神'은 '우주변화의
말로 표현할 수 없는 신묘神妙함'을 말한다. 『주역』 「계사전」
에서는 "음陰인지 양陽인지 헤아릴 수 없는 것을 신神이라 한
다"[57]고 정의하였다. 보통 사람의 생각을 뛰어넘고 언어적
표현을 뛰어넘는 우주변화의 신묘함이다. 그렇다고 해서

종교적인 신비함을 말하지는 않는다. 보통 사람은 알 수 없지만 『주역』의 이치를 깨달은 사람은 알 수 있다는 것이다. 그리고 '신神'이라는 신묘함의 작용으로 나타나는 변화의 과정과 변화로 인한 생성이 '화化'이다. 이것은 음과 양으로 나타나는 측면이다.[58]

　『주역』「계사전」의 저자는 이 신神과 화化를 통달한 존재 즉 '신을 다하고 화를 아는(窮神知化)' 존재를 이상적 존재로 보았는데, 훗날 북송대의 철학자 장재張載는 이러한 존재를 '성인聖人'으로 보았다. 『중용』의 여기서의 '신神'은 바로 『주역』「계사전」의 '화化'와 짝한 '신神'을 말한다. 그 증거가 또 있는데, 바로 앞의 '其次(기차)' 운운한 부분의 마지막 개념이 바로 '화化'이다. 즉 『중용』에서도 이렇게 '신'과 '화'를 짝하고 있다. 그런데 장재의 사상계 후배인 남송의 주희는 여기서의 '신神'을 '귀신鬼神'의 '신神'으로 보았다. 그러나 『중용』과 비슷한 시기의 유가문헌 『주역』「계사전」과 비교해 볼 때, 『중용』의 이 부분의 '신神'은 '화化'와 짝하는 '신神'으로 봐야 한다. 즉, 『중용』에서 '지성'의 경지에 든 성인은 『주역』「계사전」의 '궁신지화窮神知化'의 경지에 든 존재이며, 장재가 성인聖人으로 간주한 존재이다.

'성誠'은 천지우주의 자연이 끊임없이 쉬지 않고 운행하는 것이다. 그래서 외부의 인격적 신God[59]의 주재나 조작을 필요로 하지 않는다. 그리고 하늘의 도로서의 '성誠'은 그 도가 그 자체의 자기충족적 원리에 따라 움직임을 말한다. 그래서 『중용』에서는 "성誠이란 스스로를 이룸이요, 도道는 스스로를 이끌어 감이다(誠者自成也, 而道自道也)"(『중용』「제25장」)라고 하였다.[60] 우주의 모든 존재는 이 '성'의 이치에 따라 움직인다. 이를 지향하는 인간도 이 '성'의 이치에 따라 자신의 삶을 자발적, 능동적으로 이끌어 가야 한다. 그래서 "성誠이란 모든 존재의 종시終始다.[61] 성誠하지 않으면 존재는 없다. 그렇기 때문에 군자는 성하게 살아감을 귀하게 여긴다(誠者物之終始, 不誠無物. 是故君子誠之爲貴)"(『중용』「제25장」)라고 한다. 여기서 "성이란 모든 존재의 종시다. 성하지 않으면 존재는 없다"의 원문은 "誠者物之終始. 不誠無物"인데, 이와 같이 번역한 것은 '성誠'의 존재법칙의 측면이다.

그런데 한편으로 도덕실천자가 '성'하게(성실하게) 살아가는 측면의 당위법칙으로 위 문장을 번역한다면, "성이란 모든 도덕적 사안의 과정이다. 성하지 않으면 도덕적 사안은 없다"로 할 수 있다. 이러한 관점은 심학적 관점과 통한다. 바로 다음 이어지는 군자의 삶의 태도와 잘 연결된다. 실제 명대明代 심학의 왕수인王守仁(1472~1529, 자字는 백안伯安, 스스로 양명자陽明子라 하여 세상에서 양명陽明 선생이라 함)은 이런 관점에서 보았다. 그는 『대학』과 『중용』의 사상을 연계하여 이렇게 말한 바 있다.

몸[身]의 주재는 바로 마음(心)이다. 마음이 발동하는 바가 곧 뜻[意]이다. 뜻의 본체는 바로 지知이다. 뜻이 있는 곳이 곧 물物이다. 만일 뜻이 어버이를 섬기는 데 있다면, 어버이를 섬김이 곧 하나의 물物이다. 뜻이 임금을 섬기는 데 있다면, 임금을 섬김이 곧 하나의 물物이다. 뜻이 백성에게 인仁을 베풀고 만물을 사랑함에 있다면, 백성에게 인을 베풀고 만물을 사랑함이 곧 하나의 물物이다. 뜻이 보고 듣고 말하고 행동함에 있다면, 보고 듣고 말하고 행동함이 곧 하나의 물物이다. 그래서 내가 마음 밖에 이理가 없고 마음 밖에 물物이 없다고 하는 것이다. 『중용』에서 말하는 '不誠無物'과 『대

학』의 '明明德'의 공은 단지 성의誠意일 뿐이다. 성의의 공은 단지 하나의 격물格物일 뿐이다.[62]

왕수인에 있어서 『대학』의 '격물格物'의 '물物'과 『중용』의 '불성무물不誠無物'의 '물物'은 모두 '도덕적 사안'이기 때문이다.

또, 『중용』에서는 "성이란, 스스로 자기를 이룰 뿐 아니라, 그로써 사물을 이루어 주는 바이기도 하다. 자기를 이루는 것은 인仁이요, 사물을 이루어 주는 것은 지知이다. (이 둘은) 본성(性)에 내재한 덕으로서 주체(안)와 대상(밖)을 합하는 도이다. 그러므로 때에 맞게 조치하는 마땅함인 것이다(誠者非自成己而已也, 所以成物也. 成己, 仁也; 成物, 知也. 性之德也, 合外內之道也, 故時措之宜也)"(『중용』「제25장」)라고 한다.

언제나 '중용'을 지키는 성인이 되기 위해 지향하는 목표인 성誠은 도덕주체인 자기 자신의 덕성을 함양할 뿐만 아니라(成己), 다른 사람과 사물의 관계를 명확히 설정하는 바탕이 된다(成物). 자기 내면의 덕성을 함양하는 것은 인仁이며, 사람이든 사물이든 다른 존재와 관계를 잘 설정함은 지知이다. 그렇지만 인이든 지든 모두 인간 존재의 본성을 이루는 덕으로서 주체(안)와 대상(밖)을 도덕적으로 관계 맺어 주는 도道가 된다. 이렇게 해서 결국은 언제나 그때 상황에 가장 마땅하게 조치하는 '중용'을 행할 수 있게 한다(時措之宜)는 말이다.

이미 보았듯이, 『중용』의 관점으로는 '성誠'은 원래 하늘의 도이다. 그것을 본뜨려고 하는 것이 사람의 도이다. 사람 중에서 가장 이상적으로 하늘의 성誠을 본뜬 존재가 성인이라 했다. 그리고 성인은 성의 지극한 상태 '지성至誠'을 실현한 존재라고 했다. 왜냐하면 원래 하늘이 '지성至誠'한 상태이기 때문이다. 하늘이 지성한 것은 이미 말한 대로 쉬지 않고 운행하는 자연의 이미지에서 왔다. 그래서 『중용』에서는 "지성至誠은 쉼이 없다. 쉬지 않으면 오래가고(久), 오래가면 징험이 나타나며, 징험이 나타나면 유원悠遠해지고, 유원해지면 넓고 두터워지며, 넓고 두터워지면 높고 밝아진다(至誠無息. 不息則久, 久則徵, 徵則悠遠, 悠遠則博厚, 博厚則高明)"(『중용』「제26장」)고 한다. 이것은, 『중용』이 이 '지성'과 연계하여 그 당시의 자연과학적 지식에 바탕을 둔 소박한 우주관, 자연관을 피력한 것이다.

자연은 끊임없이 활동해야 존재할 수 있다. 그 끊임없음이 시간성을 말한다. 그것이 오래감 즉 '구久'이다. 이것은 시간 자체를 말한다. 이 시간성이 존재함으로 인해서 현상화된 자연이 나타난다. 그것을 징험 즉 '징徵'으로 말했다. 시간과 결부된 공간이 나타난다는 말이다. 이렇게 되어서 자연은 유원悠遠해진다고 하였는데, 이 유원함 역시 시간을 말하는 것이지만 '구久'와 다르다. '구'는 시간성 자체이고, '유원'은 이미 생성되어 현상화된 우주자연의 시간적 지속持續을 말한다. 그렇게 됨으로써 구체화된 자연물이 나타난다. 그 구체화된 자연물의 대표는 현상화된 자연으로서의 천지天地이다. 이것은 '인人'에 대비된 형이상의 원리인 '천天'하고는 다르다. 천지의 천天은 원리의 천에 근거해서 지地와 짝하여 존재하는 '현상現象'이다.

『중용』에서는 이 현상적 천天의 속성을 고명高明(높고 밝음)으로, 그에 대응되는 현상적 지地의 속성을 박후博厚(넓고 두터움)로 묘사했다. 그리고 이 현상적 천지가 지속됨을 다시 유구悠久라는 시간으로 표현하면서, 이 유구함이 사물을 이루어 준다(成物)고 한다. 앞에서 사람의 입장에서 지知의 덕인 '사물을 이루어 줌'을 의미했던 '성물成物'이, 자연철학적 입장에서는 시간에 배당된다. ('유원悠遠', '유구悠久' 등의 시간에 대한 표현의 구체적 차이는 불명확하다. 『중용』 저자의 용어 사용이 깔끔하지 못한 탓일 수 있다. 주희는 그래도 그 의미를 부여하여, '유구'는 곧 '유원'이라고 말하면서도, '유원'이 '고후' 즉 '지地'를 이루고, 이 '고후'가 다시 '유구'해진다고 하였다. 그러나 사실상 우리가 『중용』의 사상적 의미를 탐구하는 데 그다지 중요하지 않은 부분이다.)

『중용』에서는 이러한 소박한 자연철학의 토대에서, 보다 구체화된 자연현상을 말한다. 당시의 자연관에 따르면, 넓고 두터운 땅을 높고 밝은 하늘이 덮고 있는데, 그 하늘에는 별이 매달려 반짝거리고 땅 위에는 만물이 살아가고 있다. 이러한 자연관은 오늘날의 자연과학적 지식으로 보면 사실에 부합하지 않는 것이다. 『중용』에서는 큰 세계로 묘사됐지만, 지금 우리가 알고 있는 우주세계에 비해서는 『어린 왕자The Little Prince』의 우주처럼 작고 아담한 것이다. 동양이든 서양이든 이러한 소박한 자연관은 그 시대엔 다 비슷했다.

그런데 여기서 『중용』이 말하고자 하는 핵심은 자연과학적 진실이 아니다. 그 취지는 이렇게 말함에 이어서 인용하는 『시』에 나타난다. 즉 "하늘의 명이여, 아! 아름답기 그지없네(維天之命, 於穆不已)"(주희의 해석으로는 '심원深遠하기 그지없네'이다)라는 것이다. 이것은 형이상학적 하늘의 도인 '성誠'에 따라, 천지우주의 자연현상은 쉼 없이 생성, 변화, 운행되고 있으며, 그 안에서 아름답고, 오묘하고, 심원한 조화를 이루고 있다는 뜻이다. 이러한 조화에는 인간도 적극적으로 참여할 수 있으며, 그 참여함이란 곧 조화로운 사회를 이루는 '중용'의 삶인 것이다.

그러면서 연이어 굳이 주나라 건국의 토대를 이룬 주周문왕文王의 덕을 칭송하는 말을 덧붙이고 있다. 이는 주 문왕이 이상에서 말한 '지성至誠'으로 세상을 다스릴 수 있는 사람임을 말하고 있는 것으로서, 『중용』 저자가 당시에 지녔던 정치적 견해도 담고 있다고 할 수 있다. 즉, 주나라 건국 당시의 체제와 그 체제를 만든 통치그룹을 칭송, 찬양하고 있다는 점이다. 당시의 정치 상황을 넘어서 『중용』 자체의 의의를 얻고자 할 때는 이 점을 새겨서 생각해야 할 것이다.

유가사상에서 가장 이상적인 인간상인 성인은 여러 가지로 정의할 수 있지만, 『중용』의 관점에서는 어떤 경우에도 '중용'을 지킬 수 있는 존재이다. 그리고 지금 말하고 있는 '지성至誠'의 경지에 도달한 존재이다. 그런데 『중용』에서는 이러한 성인이 어떠한 인격적 경지를 갖추고 있는지, 당시의 정치적인 관점에서 성인이 어떤 정치적 역량을 가지고 있는지 등을 중심으로 여러 측면을 찬양의 방식으로 언급하면서 마무리 짓는다. 우선 이렇게 말한다.

　크도다! 성인의 도여! 넓도다! 만물을 발육시켜, 높고 큼이 하늘에까지 닿았도다. 넉넉히 크도다! 예의禮儀는 삼백이요, 위의威儀는 삼천이로다. 그 사람을 기다린 뒤에야 행해진다. 그러므로 '지극한 덕이 아니면 지극한 도는 이루어지지 않는다'고 하였다.

　大哉! 聖人之道! 洋洋乎! 發育萬物, 峻極于天. 優優大哉! 禮儀三百, 威儀三千. 待其人而後行. 故曰 '苟不至德, 至道不凝焉'.

―『중용』「제27장」

성인에 대한 극찬이다. 앞에서 말한바 지성至誠의 경지에서는 천지와 더불어 만물의 화육에 참여한다고 했으니 만물을 발육시킴도 그러한 취지다. 이런 경우를 두고 하늘과 사람이 하나로 합하는 천인합일의 경지라 한다. 앞에서나 지금이나 이러한 표현은 종교적 성인에 대한 찬양을 방불케 한다. 또는 강한 권력을 가진 통치자에 대한 우상화의 찬양 같기도 하다. 종교가 아닌 철학으로서의 유가철학의 이런 표현을 어떻게 볼 수 있을까. 아무래도 성인의 덕을 지향하는 것을 너무 강조하다 보니, 그리고 그러한 성인이 다스리는 이상적 정치를 너무 소망하다 보니 나오는 과잉 표현이 아닐까. 성인이 되면 초능력이 생긴다고 보는 걸까. 사실상 유가의 이상사회인 대동사회를 이루는 성인은 어떤 초자연적 능력을 가진 존재는 아니다.

대동사회는 『예기』「예운」에서 표현하듯이 덕이 있는 지도자가 인간사회의 다양한 갈등을 조화롭게 극복하여 모두가 행복해지는 사회이다. 그것은 『대학』에서 말하듯이 덕있는 지도자가 진정으로 밝은 덕을 천하에 밝힘으로써 이루어지는 것이다. 그것은 또 지금 『중용』에서 말하듯이 지도자가 모든 구성원이 자신의 역할과 임무를 다하도록 조화를 추구함으로써 이루어지는 것이다. 그럼에도 이런 표현이 있는 것은 성인의 정신적 경지에 대한 시적詩的 표현이라고 해 두는 것이 좋을 것이다.

이러한 찬양이 어떠하든 사실상 성인정치의 실제적 의의는 바로 그다음에서 말하는 현실에서의 구체적 제도를 통해 이루어진다. 그 제도에 대해 '예의禮儀'는 삼백 가지요, '위의威儀'는 삼천 가지라 했다. '예의'는 바람직한 사회가 되기 위한 제도의 상위 범주요, '위의'는 그 하위 범주다. 그것이 구체적으로 무엇을 말하는지는 오늘날의 사회에서 크게 의미가 없다. 오늘날의 사회에는 오늘날의 '예의'와 '위의'가 있다. 이전이든 지금이든 이러한 제도는 무질서한 사회에 질서를 부여하고 그 질서를 조화롭게 꾸려 가려는 목적임에 초점을 맞추어야 한다.

『중용』이 저술될 때의 시대나 오늘날의 시대나 세상 사람들을 고통과 불행에 빠뜨리지 않고 구성원이 다 같이 행복한 제도를 만들어 조화롭게 운영하는 것이 '중용'의 정치다. 오늘날 제도는 다수의 사람으로 구성된 입법기관에서 만들어진다. 그런데, 유가사상에서 제도를 만드는 이는 성인이므로 그러기가 쉽지 않다. 지극한 덕이 있는 성인이 나타나야 지극한 도가 이루어지기 때문이다. 그래서 '그 사람을 기다린 뒤에야 행해진다'는 것이다. 이 말대로 한다면 결국 유가의 이상사회 역시 종교에서 말하는 '메시아'를 하염없이 기다려야 이루어지는 셈이다.[63]

그러면 우리가 현실적으로 할 수 있는 것은 무엇인가. 현실의 존재로서 이상을 추구하는 존재는 이미 말한 대로 군자이다. 『중용』에서는 군자의 현실적 노력을 이렇게 말하고 있다.

그러므로 군자는 덕성을 높이고(尊德性) 묻고 배움의 노력을 경유하여(道問學),[64] 광대함을 이루면서도 정미함을 다하며, 고명을 지극히 하면서도 '중용'의 길을 가며, 옛것을 익혀 새것을 알고(溫故而知新),[65] 돈후敦厚하게 예를 높인다. 이런 까닭으로 윗자리에 있어도 교만하지 않고, 아랫사람이 되어도 배반하지 않는다. 나라에 도가 있을 때 그의 말은 (세상을) 일으키기에 충분하고, 나라에 도가 없을 때 그의 침묵은 용납

되기에 충분하다. 『시』에 "밝고 현명하게(明哲) 그 몸을 보존하는 도다"라고 하였는데, 이를 두고 한 말이리라!

故君子尊德性而道問學, 致廣大而盡精微, 極高明而道中庸. 溫故而知新, 敦厚以崇禮. 是故居上不驕, 爲下不倍, 國有道其言足以興, 國無道其黙足以容. 詩曰: "旣明且哲, 以保其身", 其此之謂與!

— 『중용』「제27장」

이렇게 성인聖人이 된 상태를 '지성至誠'을 이룬 상태로 묘사하며 이 경지를 다시 한 번 이렇게 이야기한다.

오직 천하의 지성至誠만이 천하의 대경大經을 경륜經綸할 수 있고, 천하의 대본大本을 세울 수 있으며, 천지의 화육化育을 알 수 있으니, 어찌 따로 기댈 데가 있겠는가? 지극한 인仁이여! 깊고 깊은 못이여! 넓고 넓은 하늘이여! 진실로 총명聰明과 성지聖知로써 하늘의 덕에 통한 이가 아니고서 그 누가 그것을 알 수 있으리오?

唯天下至誠, 爲能經綸天下之大經, 立天下之大本, 知天地之

化育. 夫焉有所倚? 肫肫其仁! 淵淵其淵! 浩浩其天! 苟不固
聰明聖知達天德者, 其孰能知之?

— 『중용』 「제32장」

정말 대단한 경지가 아닐 수 없다. 그렇게 해서 『중용』은
이제 이 '지성至誠'의 경지는 동시에 '지성至聖'의 경지라며 그
러한 상태를 다음과 같이 말하였다.

오직 천하의 지성至聖만이 총명聰明과 예지睿知로써 족히 세상
일에 임할 수가 있고, 관유寬裕와 온유溫柔로써 족히 용납함이
있을 수 있고, 강강强함과 꿋꿋함으로써 족히 실천을 지속할 수
있고, 장중함과 중정中正함으로써 족히 공경함을 유지할 수
있고, 문리文理와 밀찰密察로써 족히 변별력을 가질 수 있다.
두루 넓고 아득히 깊으면서도 때에 맞춰 나온다. 두루 넓음
은 하늘과 같고, 아득히 깊음은 못과 같다. 나타나면 모든 백
성들이 공경하고, 말하면 모든 백성들이 믿으며, 행하면 모
든 백성들이 기뻐한다. 이리하여 명성이 중국에 넘쳐 나서
만맥蠻貊에까지 미쳐 나간다. 배와 수레가 이르는 곳, 사람의

힘이 통하는 곳, 하늘이 덮고 있는 곳, 땅이 싣고 있는 곳, 해와 달이 비추는 곳, 서리와 이슬이 내리는 곳의 모든 혈기血氣가 있는 존재는 다 높이고 친하게 여기지 않음이 없다. 그러므로 '하늘과 짝한다'고 말하는 것이다.

唯天下至聖, 爲能聰明睿知, 足以有臨也; 寬裕溫柔, 足以有容也; 發强剛毅, 足以有執也; 齊莊中正, 足以有敬也; 文理密察, 足以有別也. 溥博淵泉, 而時出之. 溥博如天, 淵泉如淵. 見而民莫不敬, 言而民莫不信, 行而民莫不說. 是以聲名洋溢乎中國, 施及蠻貊; 舟車所至, 人力所通; 天之所覆, 地之所載, 日月所照, 霜露所隊; 凡有血氣者, 莫不尊親, 故曰配天.

— 『중용』 「제31장」

● ○ ●

지금까지 『중용』의 사상을 이상과 같이 구조화하여 설명하였다. 그런데 『중용』에는 이러한 그 사상의 기본 구조와 더불어 그 특색을 보이는 몇 가지 논제가 있다. 그것을 다음에 이어 말하려 한다. 그것은 바로 『중용』에서 거론되는 '귀신鬼神'과 '효孝'의 문제 및 『중용』의 정치원칙에 대한 것이다.

제10장
『중용』의 '귀신鬼神' 이야기

   『중용』은 사람과 사람 사는 세상을 이야기하다가 돌연 '귀신鬼神'을 이야기하고 있다. 도대체 무슨 '귀신 씻나락 까 먹는 소리'인가? 『중용』에서 공자는 이렇게 말한다.

   공자가 말하기를, "귀신鬼神의 덕됨은 성盛하도다! 그것은, 보 려 해도 보이지 않고, 들으려 해도 들리지 않지만, 만물을 몸 으로 삼아 생성하여 빠뜨릴 수 없다. 천하의 사람들로 하여 금 단정하고 깨끗한 태도로 복장을 성대히 하여 제사를 받들 게 하나니, 가득 흘러넘쳐 그 위에 있는 듯, 그 좌우에 있는 듯하구나. 『시』에, '신神이 이르심은 헤아릴 수 없는 것, 하물

며 꺼려할 수 있겠는가!'라고 하였는데, 저 미세한 것이 드러
남이니, '성誠'을 가릴 수 없음이 이와 같구나"라고 하였다.

子曰: "鬼神之爲德, 其盛矣乎! 視之而弗見, 聽之而弗聞, 體物
而不可遺. 使天下之人齊明盛服, 以承祭祀. 洋洋乎! 如在其
上, 如在其左右. 詩曰: '神之格思, 不可度思! 矧可射思!' 夫微
之顯, 誠之不可揜如此夫."

— 『중용』 「제16장」

『중용』에서는 '중용'을 이야기하면서 왜 '귀신'을 이야기
할까. 도대체 '중용'과 '귀신'이 무슨 상관이 있단 말인가.
오늘날 우리의 사고방식으로는 선뜻 이해가 가지 않는다.
일단 '귀신'이 무엇인지 한번 생각해 보자. 한국어에 있어
서 '귀신'의 사전적인 뜻 가운데 앞부분을 차지하는 것으로
는 '① 사람이 죽은 뒤에 남는다는 넋', '② 사람에게 화禍와
복福을 내려 준다는 신령神靈', '③ 어떤 일에 남보다 뛰어난
재주가 있는 사람을 비유적으로 이르는 말' 등이 있다. 이
중에 우리가 가장 많이 거론하는 경우가 역시 첫 번째 의미
다. 즉 사람이 죽고 나서 육체는 썩어 없어져도 남는 '넋'이

'귀신'이라는 것이다. 한여름 밤 TV를 자주 차지하는, 〈전설의 고향〉 같은 종류의 납량納凉 프로그램에 등장하는 귀신이다.

패트릭 스웨이지, 데미 무어가 출연한 1990년의 미국 영화로서, 우리나라에 〈사랑과 영혼〉이라는 제목으로 소개된 영화의 원제는 'Ghost'이다. 원제목 그대로 번역해서 개봉했다면 '영혼'이라 할 수도 있었겠지만, 또 '귀신'이라 할 수도 있었던 것이다. 한국어의 '영혼'의 사전적 의미도 '① 죽은 사람의 넋', '② 육체에 깃들어 마음의 작용을 맡고 생명을 부여한다고 여겨지는 비물질적 실체' 등이 있다. '영혼'과 '귀신'의 첫 번째 의미는 같다. 그러나 영혼의 두 번째 의미는 살아 있는 사람의 경우에도 쓴다. 영어의 'soul', 'spirit'의 뜻이다.

지금 거론하고 있는 '귀신'의 경우는 우선 죽은 사람의 '넋'이다. 그것은 살아 있을 때 사람의 육체에 깃들어 있던 '정신', 그리고 두 번째 의미의 '영혼'이 죽어서도 그대로 남아 있는 것이다. 한국어에서 이렇게 생각하기 때문에 『중용』의 이 부분뿐만 아니라 다른 문헌의 '귀신'이란 용어도 그렇게 생각하는 경우가 많다. 그러나 그러한 '귀신'의 의미는 현재 사용하고 있는 한국어에서의 의미이다. 『중용』의 '귀신'도 그런 의미일까. 조금 전까지 말해 온 한국어의 '귀신'이란 한자어는 하나의 단어이다. 그러나 고대중국어로 쓰인 『중용』의 '귀신'은 두 단어이다. 즉 '귀'와 '신'의 연속적 결합이다. 다시 말해 '귀'와 '신'은 다른 의미이다.

현대중국어에서도 '귀鬼'와 '신神'은 다른 의미이다. 여기서 '귀'라는 한 글자가 한국어의 '귀신'이다. 중국어의 '귀'는 그 외에도 살아 있는 사람에게는 '어떤 특징을 가지고 있는 사람에 대한 멸시의 호칭'으로도 쓰인다. 예를 들어 '주귀酒鬼'는 '술고래', '술주정뱅이'다. 이에 대해 '신'은 한국어의 '귀신'처럼 '죽은 사람의 넋'의 의미도 있지만 '귀'하고는 다르다. '귀'는 보통 사람이 죽어 남은 넋이지만, '신'은 수행의 결과 공덕이 있는 사람이 죽어 남은 넋이다.

그래서 민간신앙이 중국 고대의 원시종교로부터 시작하여 조직적 종교가 된 도교[66] 또는 중국 일반 민중의 생활종교에서는 이러한 '신'은 숭배의 대상이 된다. 돈을 많이 벌게 해 달라고 '재신財神'을 모시는 것과 같은 것이다. '주귀酒

鬼'가 아닌 '주신酒神'은 술을 빚는 이들이 좋은 술을 빚게 해 달라고 모시는 '신'의 의미가 된다. '귀'처럼 살아 있는 사람에게 쓸 때도 있는데, 이 경우도 좋은 의미이다. 한국어의 '③ 어떤 일에 남보다 뛰어난 재주가 있는 사람을 비유적으로 이르는 말'과 같은 경우에 쓴다. 요즘 세속적 한국어에도 이렇게 쓰는 경우가 있지 않은가. '공부의 신', '직장의 신'과 같은 드라마 제목처럼. 요컨대, 중국어의 '귀신'은 '귀'와 '신'을 말하며, '귀'는 부정적인 경우, '신'은 긍정적인 경우에 쓴다. 그리고 종교적 분위기가 많이 나는 말이다.

그렇다면, 『중용』의 '귀신'의 의미는 무엇인가. 그전에 현대에서 좀 더 거슬러 올라가서 송대 성리학자들의 '귀신'에 대한 견해를 보자. 북송의 정이程頤는 '귀신'을 정의하여 "(하늘을) 공용功用으로써 말하면 귀신이라 한다",[67] "귀신이란 조화造化의 자취다"[68]라고 했다. '귀'와 '신'을 나누어 말하지는 않았지만, 종교적 분위기가 없다.

역시 북송의 장재張載를 보자. 그는 "귀신이란 두 기(二氣)의 양능良能이다",[69] "귀신은 가고 오고, 굽히고 폄의 뜻이다"[70]라고 했다. 두 기는 음양陰陽의 두 기, 즉 음기陰氣와 양기陽氣를 말한다. '양능'은 맹자가 '양지良知'와 더불어 말한 용어다.[71] '양능'은 '본래 가진 능력'을 말한다. 따라서 장재는 귀신을 '음기와 양기가 본래 가지고 있는 힘'으로 본 것이다. 종교의 분위기가 없을 뿐 아니라 귀신을 두 기의 측면으로 봤으니 '귀'와 '신'으로 나누어 본 취지인 것이다. 또 가고 오고, 굽히고 폄은 기氣의 작용상의 음양을 말한 것으로서, '귀신'이란 결국 기의 음양작용을 말하는 것이란 취지다.

남송의 주희는 이 두 사람의 학설을 그의 『중용장구』에서 소개하면서 이 점을 보다 명확히 하였다. 그는 말하기를, "이기二氣를 가지고 말한다면, '귀'는 음陰의 영靈이고, '신'은 양陽의 영靈이다. 일기一氣를 가지고 말한다면, 이르러 펼쳐진 것이 신神이고, 되돌아간 것이 귀鬼지만, 사실은 하나의 존재(物)일 뿐이다"[72]라고 하였다. 그리고 『주자어류朱子語類』의 주희의 말을 보면 더 분명한데, 그는 "신神은 펴는 것이고, 귀鬼는 굽히는 것이다",[73] "귀신은 음양이 사라지고 자라고 하는 것일 뿐이다",[74] "귀신은 단지 기氣일 뿐이다. 굽히고 펴고, 가고 옴이 기氣이다"[75]라고 하였다.

주희는 선배들의 학설을 이어받아 귀신을 어떤 종교적, 신비적 존재가 아니라 물질 또는 에너지인 기氣로 본 것이다. 우주 속의 한 에너지가 능동적, 발산적으로 펼쳐지는 활동상황이 신神이고, 그러한 활동에 언젠가는 반작용이 있게 되는데, 그렇게 해서 수동적, 수렴적으로 되돌아가는 활동상황이 귀鬼라는 것이다. 이러한 의미의 귀신은 철학상의 우주론적 개념으로서의 기이며, 천도와 인도의 매개체이다.

중국 고대부터 현상적 존재들은 기氣라는 질료에 의해서 만들어졌다는 사상이 형성되었다. 이 기는 요즈음 해석으로는 물질 또는 에너지로 말해진다. 기는 두 가지 양태로 나타나는데, 능동적, 적극적, 발산적 양태는 양기陽氣이고 수동적, 소극적, 수렴적 양태는 음기陰氣이다. 이러한 사상이 명확히 나타나는 것이 바로 『주역周易』이다. 송대 철학자들의 사상 중 중요한 요소의 하나가 『주역』에서 영향받은 사상이다.

여기서 이기二氣라는 것도 바로 『주역』의 양기와 음기이다. 일기一氣라는 말은 이기二氣 외의 별개의 기가 아니라 음양을 일체로 보았을 경우를 말한다. 즉 동전 전체가 일기—氣이고, 그 표면과 이면이 양기와 음기의 이기=氣이다. 하나의 것을 전체로 볼 때와 양면성으로 볼 때를 말하는 것이다. 주희 역시 이러한 관점에서 귀신鬼神을 해석하였다.

이러한 것은 송대 철학자들의 생각이다. 그렇다면 『중용』의 '귀신'은 어떤 것을 두고 말한 것일까. 『중용』이 원래 속해 있던 『예기』 중의 「제의祭義」편을 보자. 공자의 제자 재여宰予(B.C.522~B.C.458, 자字는 자아子我 또는 재아宰我)가 '귀신'의 이름이 있게 된 이유를 묻자 공자는 이렇게 말했다.

기氣라는 것은 신神이 성盛한 것이고, 백魄이라는 것은 귀鬼가 성盛한 것이다. 귀와 신을 합쳐야 가르침이 지극해진다. 사람들은 반드시 죽게 되고, 죽으면 반드시 땅으로 돌아가게 되는데, 이것을 '귀鬼'라고 하며, 뼈와 살이 아래에서 죽어 그늘에서 야토野土가 된다. 그 기氣는 위로 발양發揚하여 빛나고 냄새나고 오싹함이 되는데, 이것이 온갖 사물의 정精이요, 신神의 드러남이다.

氣也者, 神之盛也, 魄也者, 鬼之盛也. 合鬼與神, 教之至也.

衆生必死, 死必歸土, 此之謂鬼. 骨肉斃于下, 陰爲野土. 其氣
發揚于上, 爲昭明, 焄蒿悽愴, 此百物之精也, 神之著也.

— 『예기』「제의祭義」

같은 『예기』 속의 「중용」은 '귀신'을 함께 말했지만,「제
의」에서는 이처럼 나누어 설명했다. 여기서의 취지는 사람
이 살아 있을 때는 '기백氣魄'이 함께 있는데, 이때 기는 정신
이고 백은 육체라는 것이다. 사람이 죽으면 '기백'이 나뉘
어 육체인 '백'은 땅에서 썩어 흙이 되는데 이것이 '귀'이고,
정신인 '기'는 위로 올라가 하늘에 퍼지는데 이것이 '신'이
다. 제사를 지낼 때는 귀와 신을 합쳐 제사 지내는데 산 사
람에 견주어 제사 지내기 위함이다. 기백의 '기'는 넓은 의
미의 기가 아닌 백에 대응한 좁은 의미의 기이다. '기백'은
'혼백'이라고도 하는데, 여기서 좁은 의미의 기 또는 혼魂은
사람의 양陽이고 백魄은 사람의 음陰이다. 결국 전자는 정신
이고 후자는 육체다.[76]

정신과 육체의 관계는 이처럼 넓은 의미의 물질 또는 에
너지의 양과 음을 말하는 것이다. 여기서 정신은 육체의 기

능적 부분을 포함한다. 즉 눈와 귀는 백으로서 음이고, 그 보고 듣는 기능은 기 또는 혼으로서 양이다. 전자는 육체이고 후자는 정신인데, 육체의 기능도 정신에 포함되고 있다. 「중용」과 「제의」가 본래 같은 책에 속해 있었고, 저작된 시기도 멀지 않은 만큼, 「중용」의 귀신의 의미도 「제의」에서 멀지 않을 것이다. 그리고 둘 다 그 주장자가 '공자孔子'로 표명되어 있다.

그런데, 『논어』에 있는 공자의 말을 보면, 그는 귀신에 대해 말하기를 꺼렸다고 되어 있다. 그는 그의 제자 번지樊遲(B.C.515~?, 일명 번수樊須, 자字는 자지子遲)의 물음에 이렇게 답했다.

번지樊遲가 지혜로움에 대해 묻자, 공자는 말하기를, "백성의 일에 힘쓰고, 귀신을 공경하되 멀리하면 지혜롭다 할 수 있다"고 했다.

樊遲問知. 子曰: "務民之義, 敬鬼神而遠之, 可謂知矣."

— 『논어』 「옹야雍也」

또, 이렇게도 말했다.

계로季路가 귀신 섬김에 대해서 묻자, 공자는 말하기를 "사람
도 아직 섬길 줄 모르는데, 어찌 귀鬼를 섬길 수 있겠는가?"
라고 하였다.

季路問事鬼神. 子曰: "未能事人, 焉能事鬼?"

― 『논어』 「선진先進」

여기서는 '귀신'에 대해 물었지만, '귀'만으로 대답하였
다. 주된 논점이 '귀'에 있는 것으로 이해한 것 같다. 어쨌든
『논어』에 보이는 공자의 이러한 취지는 인간 중심주의다.
인생과 민생이 시급하지 귀신에 대해서는 관심을 두지 말
라는 것이다. 그리고 합리주의다. 귀신의 영역은 불합리 영
역이다. 그래서 불합리한 것을 멀리 함을 '지혜로움(知)'이
라 한 것이다.

또, 『논어』에는 "공자는 괴이함(怪), 폭력(力), 어지러움
(亂), 신비함(神)에 대해서 말하지 않았다(子不語怪力亂神)"(『논
어』 「술이述而」)는 말이 있다. 이 네 가지는 모두 불합리함의

사례들이다. 그중에 신神이 있다. 이것은 일반적인 신비함일 수도 있고, 귀신이라는 말 중의 신일 수도 있다(그렇지만 앞 장에서 말한, 신神·화化의 신神은 아니다). 이렇게 그가 합리주의를 지향하는 취지를 암시하여, 이후 후학들이 귀신 자체를 부정하거나 송대 철학자처럼 '귀신'을 기로 해석하는 길을 열어 놓았다.[77]

공자의 '귀신'에 대한 관점은 비록 그것이 당시의 종교에서 거론되는 의미나 후대의 도교 및 민간신앙에서 말하는 종교적, 신비적 의미는 아니지만, 그럼에도 이러한 『논어』나 『예기』 「제의」 및 「중용」에서 공자의 말로 표방되는 '귀신'에 대한 언급에 종교적 분위기가 전혀 없다고 선을 그을 수는 없다. 실제 『중용』만 하더라도 앞에 인용한 문장의 분위기뿐 아니라, 뒷부분의 다음 글은 종교적 분위기가 완전히 불식된 것이라 하기는 어렵다.

군자의 도는 그것을 자신에게 근본을 두고, 많은 백성에게서 징험하고, 삼왕三王(하夏·은殷·주周 삼대의 선왕)에게 사례를 상고하여 그릇되지 않아야 하며, 천지에 세워 보아서 어그러지지 않아야 하며, 귀신鬼神에게 물어보아도 의심이 없어야 하며, 백세百世를 두고서 성인聖人을 기다려도 미혹되지 않아야 한다. 귀신에게 물어보아 의심이 없음은 하늘을 아는 것이요, 백세를 두고 기다려도 미혹되지 않는 것은 사람을 아는 것이다.

君子之道: 本諸身, 徵諸庶民, 考諸三王而不繆, 建諸天地而不悖, 質諸鬼神而無疑, 百世以俟聖人而不惑. 質諸鬼神而無疑, 知天也; 百世以俟聖人而不惑, 知人也.

—『중용』「제29장」

윗글은 '중용'을 지향하는 군자의 도를 확립함에 있어서 합리적 근거를 마련하는 취지를 드러낸다. 다른 모든 것은 합리성을 지향하는 말이다. 그런데, '귀신에게 물어봄'에는 상고시대로부터 이어 온 바의 점술占術을 이용한, 귀신과의 종교적 감응의 분위기가 있다. 이 귀신의 경우도 이후처럼 에너지인 기로 해석하게 되면, 이 감응은 기와의 감응이 된다.『중용』당시의 고대문화적 분위기는 이후와 완전히 같지는 않아서 어느 쪽이라고 확연히 선을 그을 수는 없다.

그런데, 당시 유가사상이 여전히 종교적 분위기 속에 있었다면, 묵가墨家와 같은 학파가 유가를 두고 귀신을 섬기지 않는다고 비판하지는 않았을 것이다.

이 점은 유가의 귀신에 대한 태도가 종교적이지 않았을 거라는 반증이 된다. 공자 이전에 상고시대부터 있던 종교적 귀신을 섬기는 분위기에서 유가는 발을 빼고 멀리하는 합리적 태도를 보였다. 반면에 공자 직후의 사상가 묵자墨子는 귀신을 섬길 것을 주장했는데, 그의 귀신 관념은 종교적이다. 그러면서 유가가 귀신을 섬기지 않음을 비판했으니, 당시에 유가가 종교적 귀신 관념에서 탈피했음을 보여주는 증거가 된다는 말이다. 사실상 종교적 귀신은, 묵자의 경우와 공자 이전부터 존재해 온 원시종교, 그리고 그후의 도교나 민간신앙 및 인도에서 들어온 불교의 것으로 볼 수 있다.

결국 유가사상에서 말하는 귀신이 종교적인가의 문제는 『중용』을 비롯한 유가의 문헌들, 특히 『주역』과 같은 문헌에서의 점의 행위를 종교적으로 볼 수 있는가에 달려 있다. 점이 '에너지'로서의 귀신과 감응하는 방법이라면, 그 방법이 타당한지에 대한 문제는 별개로 하고, 그것을 종교적 행위로 볼 수는 없다. 더구나 초기 유가의 대표자 중 한 사람인 순자의 경우는 점 행위 자체도 가치 있게 보지 않아서, "역易을 잘 하는 이는 점占을 치지 않는다(善爲易者不占)"(「순자荀子」「대략大略」)라고도 하였으니, 점 행위의 성격을 어떻게 규정하든 당시 유가사상가들이 합리적 사고를 존중했음을 알 수 있다. 더구나 순자의 경우는 제사와 귀신에 대해서도 보다 합리적이고 진보적 입장에 있기도 하다.

그래서 생각해 보면, 『중용』 등 고대 유가문헌의 입장을 보건대, 이른바 귀신과의 감응에 해당하는 점의 행위를 보는 유가의 입장은, 우선 귀신에 대한 종교적 태도와 합리적 태도의 경계선에서 합리적 태도 쪽에 더 기울어 있었다고 할 수 있다. 그러다가 이후 유가철학사를 통해 명확하게 합리적 관점으로 넘어오게 되었다고 추정해 볼 수 있다(물론 순자 같은 이는 일찌감치 합리적 관점에 서 있었다). 그런데, 『중용』은 원래 『예기』「중용」으로서 『예기』에 포함되어 있었고, '예禮'를 중시한 순자의 후학들이 그 내용에 영향을 많이 미쳤을 수 있다. 아무튼 이상의 여러 가지를 고려해 볼 때, 이 책에서는 『중용』의 '귀신'을 합리적 관점으로 해석하려 한다.

그럼 이제 『중용』의 '귀신' 운운한 부분을 합리적 관점으로 다시 살펴보자. 위에서 말한 것처럼 『중용』의 귀신도 역시 '귀'와 '신'의 두 단어를 나열하여 합친 것이다. 그냥 한 단어로서의 '귀신'이 아니다. 사람을 비롯한 만물은 물질, 에너지의 응결이다. 사람을 두고 말할 때 정신과 육체는 그 에너지의 양과 음이다. 사람이 죽게 되면 천지 속의 보편적 에너지로 돌아가는데, 육체인 음은 땅에서 썩어서 흙으로 돌아간다. 정신인 양은 하늘로 흩어져 우주 순환의 에너지가 된다. 어쨌든 통합해서 말하면 귀든 신이든 모두 우주의 에너지로 화한 것이다.

그런데 왜 이 에너지에 대해서 제사를 지낼까? 사실상 제사는 산 사람과 죽은 사람이 살아 있었을 때의 인간관계를 산 사람이 다시 상기하는 행위이다. 그래서 마치 죽은 사람이 살아 있는 듯이 제사를 지낸다.[78] 단정하고 깨끗한 태도로 복장을 성대히 하여 그들이 주위에 있는 듯 제사를 지낸다. 이때의 태도를 한마디로 '성誠'이라 할 수 있다. '성誠',

이 말이 핵심어이다. 천지우주 속의 에너지인 '귀신', 그 귀신에 제사 지내는 행위는 그 에너지와의 교감이다. 그리고 그 태도는 '성誠'이다.

그런데 『중용』에서는 천지를 포괄하여 대표하는 '천'의 도를 바로 이 '성誠'이라 하고 있음을 우리는 이미 검토하였다. 그리고 인간의 도덕행위의 기준인 '사람(人)'의 도는 '성지誠之'라 하였다. 즉, 『중용』에서 '귀신' 이야기를 꺼낸 주목적은 어떤 종교적 의식을 말하려는 것이 아니라, 이 종교적 의식을 치르는 태도인 '성誠'을 말하기 위함이다. 『중용』은 인간의 도덕원리를 말하는데, 이 도덕원리는 하늘의 원리를 본받는 것이다. 그런데 그 하늘의 원리는 '성誠'이다. 인간은 그것을 본받아 '성誠하려고' 노력해야 한다. 마치 '성誠'하게 제사 지내듯이.

이와 동시에, '귀신'을 말한 데는 부수적 목적도 있다. 그것은 인간은 '기'로 구성되어 있으며, 살아 있을 때의 '정신'과 '육체'나, 죽어서의 '신'과 '귀'라는 에너지 상태나 또 그모든 것의 장場이 되는 '천'과 '지'는 모두 '양'과 '음'이라는 같은 원리 속에 포섭된다는 것이다. 즉 우주는 모두 하나의 에너지, 하나의 기로 설명된다. 그 때문에 '성誠'이라는 태도로 임하면 그 하나의 기로 교감할 수 있다는 것이다.[79] 그래서 하늘도 '중·화', 인간도 '중·화'할 수 있는 것이다. 천지의 대우주, 그리고 인간의 소우주가 모두 기로 구성되어 있으니, 인간이 천지간에 존재하며 천지의 대우주와 교감하려면, 스스로 천도인 '성誠'을 자신의 길, 즉 도덕원칙으로 삼아야 한다. '성誠'은 하늘과 사람을 관통하는 하나의 원리이기 때문이다.

제11장
『중용』과 '효孝'

『중용』에서는 '효孝'를 강조하고 있다. 왜 그런가. 『중용』이 유교문헌이고 유교는 '효'를 강조하니 지극히 당연한 것 아니냐는 답은 너무 피상적이다. 『중용』은 '중용'을 말하는 문헌인데, '중용'이 대체 '효'와 무슨 상관이 있어서 굳이 '효'를 강조하는 것인가. 그 점을 검토해 보자. 『대학』에서는 자신(身)을 중심으로 하여 가, 국, 천하로 나아가면서 가족공동체의 확대를 말한다. 그래서 가, 국, 천하는 유비적 관계에 있다. 『중용』에서는 이러한 가족공동체 관계를 천지우주에까지 확장하고 있는 것이다. 천하를 한 가족으로, 나아가서는 천지우주의 만물을 한 가족으로 보는 것이다.

『주역』 원문에 대한 해설 중 「설괘전設卦傳」에 '乾稱父(건칭부), 坤稱母(곤칭모)'라는 말이 있다. '하늘(乾)을 아버지로 일컫고, 땅[坤]을 어머니로 일컫는다'는 말이다. 『주역』은 64가지의 기호 즉 64괘卦로서 세계현상의 변화를 설명하는데, 이 64괘는 이론상 8개의 기호 즉 8괘에서 연역된다. 그 8괘는, '건괘乾卦 ☰', '곤괘坤卦 ☷', '진괘震卦 ☳', '감괘坎卦 ☵', '간괘艮卦 ☶', '손괘巽卦 ☴', '리괘離卦 ☲', '태괘兌卦 ☱'이다. 이것은, 부모父母로 상징되는 건괘와 곤괘로부터 자녀로 상징되는 나머지 6괘가 산출되어 한 가족을 상징하는 기호표상체계이다.

그런데, 훗날 북송대의 장재張載는 그의 저서 『정몽正蒙』의 「건칭乾稱」편에서 이것을 가지고 천지우주와 그 안의 만물을 가족관계로 말하면서 인간사회의 가족공동체에 빗대었다. 그중에서도 천하의 정치적 관계와 천지우주를 유비類比하였다. 그럼으로써 세상의 모든 존재는 하늘을 아버지로 땅을 어머니로 삼는 형제, 동포의 관계라고 주장하면서 서로를 사랑해야 한다는 유교적 사해동포주의를 내세웠다. 이는 사실상 그가 『주역』의 사상을 가지고 『예기』 「예운」의

'대동大同'사상을 표현한 것이다.

　이러한 관념이 『중용』에서도 나타나고 있다. 정치적 관계의 천하 만민이 한 동포이고, 우주적 차원의 천지 만물이 한 동포임이 유비되는 것이다. 이때 천하의 기본 단위인 '가'를 이끄는 기본 덕목이 바로 '효孝'이다. 그래서 그 단위가 '국', '천하'로 확대되어 가도 그 '효'는 여전히 유효한 것이며, 나아가 천지로 확대되어도 여전히 유효하다는 것이다. 이래서 『중용』이 '효'를 말하는 것이다.

　『중용』은 '효'를 강조하기 위해 '효'를 실천한 모범적 사례를 이야기한다. 그 대표적 사례가 순舜임금이다. 순임금은 유가에서 '대효大孝'로 평가된다. 그는 그의 아버지 고수瞽瞍와 계모 및 이복동생 상象이 자신을 죽이려 했지만, 오히려 부모에게 효도를 다하고 상에 대해 우애를 다하였다. 맹자는 이런 식의 이야기도 하였다. 고수가 살인을 하여 순이 천자의 입장에서 그를 벌하지 않을 수 없는 공적公的 입장이 되면 어떻게 할 것인가라는 가정에 대해, 순은 천자의 공적 임무를 다하기보다는, 오히려 천하를 헌신짝처럼 버리고 자신의 아버지를 몰래 업고 도망가서 천하를 잊고 즐겁게 살 것이라는 것이다(『맹자』 「진심盡心상上」 참조).

이러한 순舜에 대해서 『중용』에서의 공자는 이렇게 말한다.

순은 대효大孝이도다! 덕으로는 성인聖人이 되고, 존귀함으로
는 천자天子가 되고, 부유함으로는 사해四海의 안을 차지하니,
종묘宗廟를 흠향하고 자손子孫을 보전하였다. 그러므로 큰 덕
은 반드시 그 지위를 얻고, 반드시 그 녹祿을 얻으며, 반드시
그 이름을 얻고, 반드시 그 수壽를 얻는다. … 그러므로 큰 덕
을 지닌 자는 반드시 명命을 받는다.

舜其大孝也與! 德爲聖人, 尊爲天子, 富有四海之內. 宗廟饗
之, 子孫保之. 故大德必得其位, 必得其祿, 必得其名, 必得其
壽. … 故大德者必受命.

— 『중용』 「제17장」

이것은, 순과 같이 '대효'의 모범을 보일 정도로 큰 덕을
지닌 이는 하늘의 명을 받아서 부귀영화를 누리게 된다는
말이다.

그렇지만 사실상 우리는 역사와 현실을 통해서 덕을 지

닌 이가 반드시 현실의 복락을 누리는 것이 아니고, 오히려 패덕한 자들이 부귀영화를 누림을 많이 보고 있다. 공자 자신도 훗날 역사의 그에 대한 평가와 달리 현실적 복락은 누리지 못했다. 그래서 공자에 대해 임금의 덕은 지녔지만 실제 임금의 지위를 얻지 못했다고 하여, 후세에서 그를 '소왕素王'이라고 불렀다. 순과 같은 경우는 오히려 드물지만, 『중용』에서는 그래도 덕과 복의 일치를 강조하였다.

그런데 『중용』에서는 이에 이어 주周나라를 세운 가문, 그 '가문의 영광'(그 가문의 성姓은 '희姬')에 대해서 공자의 말로 아주 장황하게 서술하고 있다. 공자는 "걱정 없는 이는 오직 문왕文王이도다. 왕계王季(문왕의 아버지로서 이름은 '계력季歷')를 아버지로 삼고, 무왕武王을 아들로 삼으니, 아버지는 일으키고, 아들은 그것을 이어받았다"라면서, 삼대에 걸쳐 대를 이은 업을 계승한 문왕에 대한 말로 시작하여, 다시 문왕의 아들 무왕을 중심으로 말한다.

그래서 무왕이 태왕(大王 또는 太王으로 표기하지만 다 '태왕'으로 읽음. 본호本號가 고공古公이고 이름 또는 자字가 단보亶父여서 '고공단보古公亶父'라고 부름. 문왕의 할아버지), 왕계, 문왕을 계승하여 은

殷나라를 밀어내고, 주나라를 당시 중국 천하의 주인으로 만든 정치적 사건을 언급하였다. 그 언급은, 이른바 역성혁명으로서의 쿠데타로 천하를 얻어(壹戎衣而有天下), "자신은 천하의 드러난 명성을 잃지 않고, 존귀함으로는 천자가 되고, 부유함으로는 사해의 안을 차지하고, 종묘를 흠향하고, 자손을 보존하였다(身不失天下之顯名. 尊爲天子, 富有四海之內. 宗廟饗之, 子孫保之)"(『중용』「제18장」)라는 내용으로 이어진다. 그런데 위 舜의 경우는 '덕으로는 성인聖人'이라는 말이 있지만, 무왕의 경우에는 그런 말이 없이 '천하의 드러난 명성을 잃지 않음'을 강조하였다. 그리고는 그 가문의 상례喪禮와 제례祭禮에 대해서 이야기하였다.

『중용』에서는 이렇게 주나라 왕족 가문의 창업 시기를 이야기함에 이어, 정식으로 천하를 장악한 무왕과 주나라 초기 제도인 '주례周禮'를 확립한 주공周公 형제의 '효'에 대해 공자를 통해서 말한다.

공자가 말하기를, "무왕과 주공이야말로 달효達孝이도다! 효라는 것은 (앞)사람의 뜻을 잘 계승하고 (앞)사람의 일을 잘 이어 나가는 것이다"라고 하였다.

武王, 周公, 其達孝矣乎! 夫孝者: 善繼人之志, 善述人之事
者也.

— 『중용』 「제19장」

순을 '대효'라고 일컬음에 대해 무왕과 주공을 '달효'(천하
사람이 모두 공통으로 효라 부른다는 뜻)라고 일컬으면서, 두 경
우 모두 효를 잘하였다고 하면서도, 그 평가는 구분하여 말
하였다. 그러면서 '효'란 부모에 이르기까지의 자기 가문의
가풍과 정신, 추진해 왔던 사업을 잘 계승, 발전시키는 것
으로 보았다. 무왕, 주공이 그렇게 잘해서 '달효'로 평가받
는다는 것이다. 그리고 무왕과 주공이 그들의 가문에서 지
켜 나가면서 계승, 발전시키려 한 것이 무엇이었는가 하는
내용이 그다음에 사례로서 제시된다. 그것은 요컨대 그 가
문의 조상신을 잘 모시는 '예(禮)'를 잘 지키는 것이다.

그런데 그 내용에서 강조한 부분이 있다. 그것은 제사 대
상들의 혈통이나 지위, 나이 등의 위계에 따라 제사 매뉴얼
을 정립하는 것이며, 또 제사 대상들이 살아 있을 때를 연

상하여 그에 따라 제사를 지내는 것이다. 그래서 죽은 이 섬기기를 산 이같이 하고, 사라진 이 섬기기를 있는 이 섬기듯이 하라는 제사의 기본 태도를 강조하였다.

이러한 것은 무슨 의의를 가지는가. 그것은 그 가문 구성원들의 결속을 위한 것이다. 그래서 그 가문에서 제사를 지내는 후손만이 아니라, 그 가문의 조상신들까지도 마치 살아 있는 듯이 섬김으로써 현존하는 구성원처럼 여기도록 한다. 그렇게 하여 그 가문의 연면한 연속성을 강조하는데, 실상은 그 '가문의 영광'을 대외에 과시하려는 것이다. 그런데 이 안에는 위계가 특히 강조되어 공동체 조직의 상하질서를 중시함이 나타난다. 이것은 곧 무왕과 주공 형제의 가문, 즉 그 가족공동체 속의 '예禮'이다. 그런데 그들의 예는 다른 가문의 경우와 다르다. 왜냐하면 혁명을 일으켜 은 왕조를 몰아내고 천하를 장악한 가문의 예이기 때문이다. 이러한 주왕조 가문의 예가 당시 중국 천하에 공통으로 확대적용된 것이 곧 주나라 초기 질서인 '주례周禮'이다.

그런데, 인간사회의 '중용'은 '화和'이다. 어떤 위치에 있는 사람은 다방면의 인간관계를 갖게 된다. '중용'은 그 인간관계의 '화'이다. 유가사상의 원론적 입장으로는, 부모와 자식 간에는 '부자자효父慈子孝' 즉 '부(모)는 자애로워야 하고 자식은 효성스러워야 한다'는 사랑에 관한 상호 덕목발휘가 있어야 한다. 이것이 부모와 자식 사이의 '화'이다. 이것은 곧 '아버지는 아버지답고, 자식은 자식다움'으로서의 유가 정명론의 취지요, 예의 취지이기도 하다.

그런데 『중용』에서는 상향의 덕목인 '효'가 일방적으로 특히 강조되고 있다. 사실상 『중용』만 그러한 것도 아니다. 유가사상의 사랑원칙은 '부자자효'지만, 역사적 유교에서는 부모의 자식에 대한 사랑인 '자慈'의 부분이 상대적으로 덜 부각되었다. 그래서 유교 이데올로기가 극단화될 때는 자식을 희생시켜서 극단적이고 잔혹하기까지 한 방법으로 병든 부모를 구완하는 이들을 세상에서 칭송하는 설화까지도 나오게 된다.[80]

그러나 '중용'의 취지는 이러한 '극단적인 효'를 추구하는 것이 아니다. '극단'은 '중용'에 반하기 때문이다. 현대에 와서 이러한 극단적 유교사회 이데올로기가 이해될 리도 없고 정당화될 수도 없다. 이 또한 우리가 『중용』을 읽을 때

참작하여 이해해야 할 부분이다. 그런데 지금은 또 어떤가. 오히려 반대의 극단도 있다. '부자자효父慈子孝' 중 오히려 '자효子孝'는 매몰되고, 그보다는 '부자父慈' 즉 부모의 자식에 대한 사랑이 극단화되는 현상이 있다. 그래서 자신을 중심으로 오히려 부모와 자신을 희생하여, 자식을 위해서라면 무엇이든 하는 이들도 있게 된 것이다. 이 또한 '중용'이 아니다. 인간의 관계망 속에서의 조화가 '중용'인 것이다. 즉 부모와 자식 간에는 극단적 '효孝'도 아니고 극단적 '자慈'도 아닌, '부자자효父慈子孝'의 진정한 상호 간의 사랑이 있어야 하는 것이다. 이것이 이데올로기적 '유교' 이전, 유가사상 본래의 '인仁'이다.

제12장
『중용』의 정치원칙

　　『중용』의 궁극 목적에는 『대학』처럼 천하를 바로 다스리기 위한 유가의 정치철학을 말하는 것도 있다. 그렇다면 『중용』의 정치철학에 입각한 정치원칙은 무엇인가. 『논어』에는 공자의 정치에 대한 이야기가 많이 나온다. 『중용』에도 공자의 정치에 대한 견해가 노魯나라 애공哀公의 물음에 대한 답으로 나온다.[81] 공자는 먼저, 주 문왕과 무왕의 정치에 대한 일이 기록으로 남아 있고, 그 정치란 그 사람과 관련되어 있다고 말한 뒤, 정치원칙에 대하여 이렇게 말한다.

　　사람의 도는 정치에 민감하고, 땅의 도는 나무에 민감하니,

정치라는 것은 (잘 자라는) 창포, 갈대같이 반응이 빠른 것입니다. 그러므로 정치를 함은 사람(이 하기)에 달려 있으니, 사람을 취함은 자신(몸)으로써 할 것이요, 자신을 닦음은 도로써 할 것이며, 도를 닦음은 인仁으로써 해야 합니다. 인仁이란 사람다움(人)이니, 친한 이와 친함(親親)[82]이 중요하고, 의義란 마땅함이니, 현명한 이를 높임이 중요합니다. 친한 이와 친함의 정도를 점차 줄여 감과 현명한 이를 높임의 등급이 예가 생기는 기초입니다. 그러므로 군자는 자신을 닦지 않을 수 없는 것입니다. 자신을 닦을 것을 생각한다면 어버이를 섬기지 않을 수 없습니다. 어버이를 섬길 것을 생각한다면 사람을 알지 않을 수 없습니다. 사람을 알려고 생각한다면 하늘을 알지 않을 수 없습니다.

人道敏政, 地道敏樹. 夫政也者, 蒲盧也. 故爲政在人, 取人以身, 修身以道, 修道以仁. 仁者人也, 親親爲大; 義者宜也, 尊賢爲大; 親親之殺, 尊賢之等, 禮所生也. 在下位不獲乎上, 民不可得而治矣! 故君子不可以不修身; 思修身, 不可以不事親; 思事親, 不可以不知人; 思知人, 不可以不知天.

— 『중용』 「제20장」

여기서 공자는 정치를 식물에 비유하였다. 비록 나무 (수樹)라고 했지만, 뒤에 지금의 식물학상 나무가 아니라 풀 인 창포, 갈대를 예로 들었으므로, 수樹를 그냥 식물의 의미 로 쓴 것이거나, 지금처럼 명확한 식물학적 분류가 있기 전 이므로 창포, 갈대 같은 식물을 다른 나무와 같이 분류했다 고도 할 수 있다. 어쨌든 식물은 땅이 비옥하냐 척박하냐에 따라 빨리 반응하고, 그중에서도 잘 자라는 식물인 창포, 갈대는 더하다는 이야기다. 이처럼 사람의 도는 정치에 민 감하여, 정치를 어떻게 하느냐에 따라 사람 사는 세상의 행 복도가 달라진다는 말이다.

그런데 정치란 사람이 하는 것이므로 사람이 하기에 달 려 있다. 그 사람은 위정자다. 공자는 '위정이덕爲政以德'의 덕 치주의자이므로 위정자의 덕이 첫째로 중요하다. 여기서 또 『대학』과의 접점이 있다. 수신修身을 강조한 것이다. 덕 치가 관건이니 당연히 수신이 우선시된다. 『대학』에서는 "천자에서부터 서인에 이르기까지 수신을 근본으로 삼는 다"고 한다. 그런데 여기서 정치가 사람에 달려 있음의 그 사람은 제일의 위정자인 최고 책임자뿐 아니라 그 책임자가 직무에 따라 권력을 나눠 위임하여 등용하는 사람까지도 포함한다. 그래서 공자는 수신의 문제와 득인得人의 문제를 포괄적으로 말한 것으로 보인다.[83]

수신의 문제에 있어서는 그 수신의 기준이 '도'라고 했다. 『중용』 첫머리에 "성을 따름이 도이다"라고 하였는데, 여기서 '성性'은 당연히 '인성人性'이다. 인성의 핵심적 덕은 '인仁'이다. 왜냐하면 인성은 인간의 본성, 본질이고 그것은 곧 '인간다움'이며 '인仁'이 곧 '인人', 즉 '인간다움'이기 때문이다. '인仁'은 유가적 사랑이다. 유가에서는 이 '인'의 사랑은 인간의 상정常情으로부터 유래한다고 본다. 그래서 그 상정의 기초인 부모, 자식 간의 사랑에서 출발하여 점차 확대하여 간다. 그 목표는 결국 천하 만민에 대한 사랑이다. (나아가 이후, 특히 성리학, 심학 시대에는 천지 만물에 대한 사랑까지도 이야기하게 된다.) 그렇지만 내 부모, 내 자식, 내 형제에 대한 사랑과 이웃에 대한 사랑이 같을 수는 없다. 마찬가지로 내 나라 사람에 대한 사랑과 남의 나라 사람에 대한 사랑이 같을 수는 없다. 유가는 이러한 인간의 기본적 감정을 중시한다.

한편, 공자 이후 공자를 비판한 묵자墨子는, 공자와 유가의 이러한 사랑을 두고 그것을 내 부모와 남의 부모, 내 가족과 남의 가족, 내 나라와 남의 나라에 대해서 차별하는 사랑인 이른바 '별애別愛'의 사랑이라 간주하여 비판하고, 천하 사람 모두를 사랑하라는 '겸애兼愛'를 주장했다. 그러나 유가의 사랑은 인간의 감정현실을 인정한다. 그래서 궁극적으로는 모두를 사랑하는 것이 목표라도 출발은 가장 가까운 데서부터 시작하여 점차 확대해 가기를 주장한다. 그 사랑, 여기서 '인仁'으로 이야기되는 사랑은 이처럼 부모, 자식 간의 사랑에서 점차 멀리 갈수록 줄어들 수밖에 없음을 인정한다. 그것이 '친친지쇄親親之殺'('殺'를 우리 말의 음으로 '쇄'라고 읽는다. 정도를 낮추어 가며 점차 감소시킴의 의미다)이다.

이 점은 공자의 사고, 유가의 사고의 특징이며 약점일 수도 있다. 왜냐하면 정치의 토대가 인仁인데 이 인仁이 가족의 사랑을 토대로 한다면 족벌정치가 그 기초라는 이야기가 되기 때문이다. '주례'는 결국 족벌정치를 토대로 한다는 말이며, 실제 주나라의 종법宗法제도가 그런 것이다. 공자의 사고의 한계가 여기에 있다. 역시 이 부분은 「예운」에서 말하는 바의 세습과 상속을 토대로 하는 소강사회를 말하는 것이 된다.

다만 이 족벌정치를 견제하는 것이 그다음에 나오는데, 그것은 '의義'이다. '의'를 마땅함(宜)으로 해석하면서 이것은 '존현尊賢' 즉 '현명한 이를 높임'을 중요하게 여긴다. 즉 혈족이 아닌 사람들 중에서 현명한 이를 존중하여 등용해야 한다는 것이다. 그리고 현명한 이도 그 현명한 정도에 따라 그 등급과 지위를 달리해야 한다는 것인데, 이 점은 오늘날의 상식에도 부합한다. 공자는 이처럼 친족과 현자들에 관한 문제를 두고 그 정도에 따라 제도로 조직한 것을 '예'로 본 것인데, 이것이 바로 그 시대의 예인 '주례'이다. 『중용』과 관련시킨다면 역시 절도에 맞음의 절도가 바로 이러한 예, 주례이다.

공자는 다시 노나라 애공에게 자신이 말을 꺼낸 앞부분으로 돌아가 '수신'을 말한다. 그러면서 『대학』과 같은 연쇄논법으로 자신의 견해를 이야기한다. 즉 '수신修身'하려면 '사친事親'해야 하고, '사친'하려면 '지인知人'해야 하고, '지인'하려면 '지천知天'해야 한다는 것이다. '수신'-'사친'-'지인'-'지천'의 연쇄관계 속의 목적어인 '신身', '친親', '인人', '천天'을 보자. 먼저 '자신(身)'의 존재근거는 '어버이(親)'이기 때문에 어버이를 이야기하였다. 역시 '효孝'를 꺼낸 것이다.

어버이를 섬기려면 섬김의 대상인 어버이의 존재본성을 알아야 한다. 그 존재본성은 어버이가 '사람(人)'이라는 것이다. 그런데 사람의 존재근거는 '하늘(天)'이다. 그래서 최종적으로 하늘을 알아야 한다고 말한다. 『중용』 첫머리에 "하늘이 명한 것을 성性이라 한다"고 했으니, 처음 말한 근원으로 돌아간 것이다.[84] 하늘을 앎이란 무엇인가. 공자가 오십에 '천명天命'을 알았다고 했으니, 천명임과 동시에 『중용』에서 말하는 하늘의 도인 '성誠'이기도 하다.

아리스토텔레스가 "인간은 사회적 동물이다"라고 했지만, 유가사상이야말로 사회적 존재로서의 인간에 그 사상의 토대를 둔다. 앞에서 '인仁'이란 글자를 '사람다움(人)'이라는 의미로 풀었지만, 그 글자 형태는 '人+二'로서 사람끼리의 관계, 즉 그 '사회적 관계'를 의미한다. 우리 인간은 사회를 형성하면서 여러 관계망 속에서 살고 있다. 그렇지만 그것을 요약하면 몇 가지로 분류, 수렴된다고 『중용』에서는 말한다. 『중용』에서는 인간의 사회적 관계를 다섯 종류로 분류하였다. 그리고 이러한 것은 천하의 모든 사람에게 해당된다고 보아 '달도達道' 즉 '보편적 길'이라 명명했다. 관계를 길로 본 것이다. 모든 인간은 이 사회적 관계의 길을 따라 행동한다는 말이다.

이 보편적인 사회적 관계는 다섯 가지라고 했다. 그것은 '임금과 신하의 관계', '아버지와 아들(부모와 자식)의 관계', '남편과 아내의 관계', '형과 아우의 관계', '벗끼리 사귐의 관계'의 다섯 가지다(天下之達道五, 所以行之者三: 曰君臣也, 父子也, 夫婦也, 昆弟也, 朋友之交也: 五者天下之達道也)(『중용』「제20장」).[85] 물론 개인적 형편과 선택에 따라 해당 사항이 없는 이도 있겠으나, 여기서는 어떤 개인을 말하는 것이 아니라, 사회에 기본적으로 존재하는 관계의 개념을 말한다. 그리고 다른 관계들은 이 기본 관계의 응용과 확장이다. 예컨대 형제의 관계에서 사회의 장유長幼관계나 선후배관계로, 붕우의 관계에서 조직의 동료관계나 널리 이웃관계로까지 확대될 수 있다.

우리 인생의 수많은 고통은 따지고 보면 인간관계의 갈

등에서 비롯되는 경우가 많다. 가정과 나라, 천하의 문제 모두가, 특히 유가에서 강조하고 있는 정치의 문제가 결국은 인간관계의 문제로 귀결된다. 『중용』이 말하는 바의 '중화'는 바로 이러한 문제를 해결함과 밀접하다. 이 인간관계의 문제를 해결하려면 우리에게 무엇이 필요한가. 『중용』에서는 이 다섯 가지 인간관계를 해결하기 위한 덕을 말하였다. 그것은 '지知'와 '인仁'과 '용勇', 즉 '지혜', '사랑', '용기'이다. 기독교 신앙생활에 '믿음', '소망', '사랑'이 필요하다면, 유가사상에서는 인간사회의 인간관계의 조화를 위해 '지혜', '사랑', '용기'가 필요하다는 것이다. 이것은 모두가 가져야 할 보편적 덕이란 의미에서 '달덕達德'이라고 이름하였다.

『중용』에 따르면, 이 세 가지 덕의 필요성을 알고 또 실천하는 데는 사람마다 그 타고난 역량의 차이가 있다. 그것의 필요성을 아는 데 있어서, 어떤 사람은 날 때부터 알고, 어떤 사람은 배워서 알고, 또 어떤 사람은 고생하여 힘들게 안다. 그러나 최종적으로 앎에 도달하고 나면 다 같은 것이란다(或生而知之, 或學而知之, 或困而知之, 及其知之一也)(『중용』「제

20장」). 앞의 세 가지 덕을 실천함도 마찬가지다. 그 덕들을, 어떤 사람은 몸에 밴 듯 편안히 행하고, 어떤 사람은 이롭다고 여겨 행하고, 또 어떤 사람은 간신히 행한다. 그러나 최종적으로 그 실천을 성공시키고 나면 다 같은 것이라고 보았다(或安而行之, 或利而行之, 或勉强而行之, 及其成功一也)(「중용」「제20장」). 산 정상에 오르는 것이 최종목표라면, 그 올라가는 과정에 개인차가 있을 수 있지만, 정상에 오르고 나면 다 똑같다는 것이다.

『중용』에서 공자는 "이 세 가지를 알면, 그것으로 수신修身할 바를 알게 되고, 그것으로 수신할 바를 알면, 그것으로 치인治人할 바를 알게 되고, 그것으로 치인할 바를 알면, 그것으로 천하, 나라, 집안을 다스릴 바를 안다(知斯三者, 則知所以修身; 知所以修身, 則知所以治人; 知所以治人, 則知所以治天下國家矣)"(「중용」「제20장」)고 하면서, 이 세 가지 덕의 중요성을 강조하였다.

그리고는 천하와 나라와 집안을 다스리는 정치의 기본틀이 있다 하였다. 『중용』에서의 공자는 그것을 아홉 가지로 분류하여 '구경九經'이라 이름했다. 그것은 '수신修身', '존현尊賢', '친친親親', '경대신敬大臣', '체군신體群臣', '자서민子庶民', '내백공來百工', '유원인柔遠人', '회제후懷諸候'의 아홉 가지다. '수신', '존현', '친친'은 애공哀公의 물음에 답하면서 먼저 운을 떼 말한 것이다(의도적인지는 모르나, '존현'과 '친친'의 순서를 바꿔 여기서는 '존현'을 앞세웠다). '수신', '존현', '친친' 이 세 가지가 역시 유가적 정치의 최우선의 틀이기 때문일 것이다. 가까운 데서 먼 데로 점차 확대해 가는 유가적 논리가 여기서도 적용된다. '구경'의 내용을 정리하여 검토해 보자.

① 수신修身: 자신(몸)을 닦음. 수신하면 도道가 선다. 그 방법은, 단정하고 깨끗한 태도로 복장을 성대히 하여 예가 아니면 행동하지 않는 것이다.

② 존현尊賢: 현자를 높임. 현자를 높이면 미혹되는 일이 없게 된다. 그 방법은 남을 헐뜯어서 모함하는 참인讒人을 제거하고, 여색女色을 멀리하며, 재화財貨를 천히 여기고, 덕을 귀히 여기는 것이다.

③ 친친親親: 친족을 친하게 함.[86] 친족을 친하게 하면 제부諸父와 형제들이 원망하지 않는다. 그 방법은 그들의 지위

를 높이고, 그 녹祿을 무겁게 하며, 그들이 좋아하고 싫어하는 것을 그들과 함께하는 것이다.

④ 경대신敬大臣: 대신을 공경함. 대신을 공경하면 현혹되지 않게 된다. 그 방법은 그들이 맡기고 부릴 수 있는 관직을 풍성하게 하는 것이다.

⑤ 체군신體群臣: 대신보다 낮은 지위의 여러 신하들(즉 일반 벼슬아치들)을 자신의 몸처럼 입장 바꿔 생각해 주는 것이다. 이렇게 하면 사士들이 충성스럽게 보답하는 예가 중해진다. 그 방법은 '충忠 · 신信'[87]으로 그들의 녹을 무겁게 해 주는 것이다.

⑥ 자서민子庶民: 서민을 자식처럼 여김. 이렇게 하면 그들이 격려된다. 그 방법은 그들을 때에 맞춰 부리고 그 세금을 적게 하는 것이다.

⑦ 내백공來百工: 온갖 기술자들을 오게 함. 이렇게 하면 재용財用이 풍족해진다. 그 방법은 날로 살피고 달로 시험하여 창고의 녹으로 그들의 일에 맞게 대가를 지불하는 것이다.

⑧ 유원인柔遠人: 먼 곳의 사람들을 부드럽게 대함. 이렇게 하

면 사방에서 귀의해 온다. 그 방법은, 찾아오는 사람들은 환영하고 돌아가는 사람들은 환송하며, 잘한 것(또는 잘한 이)을 칭찬해 주고 못한 것(또는 못한 이)을 불쌍히 여기는 것이다.

⑨ 회제후懷諸侯: 제후들을 달램. 이렇게 하면 천하가 두려워 한다. 그 방법은 끊어진 세계世系를 이어 주고 폐해진 나라를 일으켜 주며, 혼란함을 다스려 주고 위태로움을 붙잡아 주며, 조빙朝聘[88]을 때맞춰 하고 많이 가져가게 하고 적게 가져오게 하는 것이다.

—『중용』「제20장」참조[89]

이 '구경九經'은, 공자가 비록 제후의 한 사람인 노나라 애공에게 말한 것이지만, 당시 중국 천하를 경영해야 할 천자의 천하 통치 방법을 말한 것이다. 이는 당시의 입장에서 정치, 행정, 경제, 외교 등에서부터 현실의 정치상황까지 고려한 처방이다. 이 속에는 당시의 기득권 세력인 왕족, 귀족 등에 대한 기득권 보장을 비롯해서, 그들을 힘으로 억누를 경우 있을 수 있는, 그들의 반발을 의식한 정략도 있다. 그리고 외교적 측면이나 인간의 이익추구 심리까지 고려하여 천하를 안정시킬 종합적 책략이 들어 있다.

이것은 『중용』에서 말하는 '중용'의 '제왕학帝王學'이다. 즉천하에 대해서 '진실로 그 중을 잡는' '중화'의 정치가 당시의 현실정치로는 이러한 것임을 공자가 당시 현실에 바탕하여 말한 것이다. 그 내용을 보면 공자의 덕치주의가 단순히 낭만적인 정치관점이 아님을 말한다. 즉 왕족, 귀족 등의 기득권 세력이 부와 권력을 장악하고 있는 현실정치를고려한 것이다. 이것은 진보적 관점에서는 타협이라고 볼수 있다. 반면 힘이 지배하는 당시에 있어서, 그때의 현실정치가나 이러한 상황을 보다 전면적으로 고려한 법가적입장으로부터는 오히려 지극히 낭만적이라는 비판을 받을수 있다. 하여튼 공자의 '중용'의 정치가 당시의 현실에 적용되는 방안을 말한 현실적 의의가 있는 대목이다.

『중용』에서 공자는 이에 이어 이러한 '중용'의 정치를 이루기 위해 평소에 유념해야 할, 업무에 대한 태도를 말하였다. 그것은 정치에 관한 것일 뿐만 아니라, 개인적 삶의 태도부터 당연히 이러해야 한다는 의의를 지닌다. 그 내용은 다음과 같다.

모든 일은 미리 준비되어 있으면 성공하고, 미리 준비되어 있지 않으면 실패한다. 말은 먼저 정해져 있으면 엎어지지 않고, 일은 먼저 정해져 있으면 곤란해지지 않으며, 행동은 먼저 정해져 있으면 탈이 나지 않고, 길(도道, 방법)은 먼저 정해져 있으면 궁해지지 않는다.

凡事豫則立, 不豫則廢. 言前定則不跲, 事前定則不困, 行前定則不疚, 道前定則不窮.

— 『중용』 「제20장」

이것은 말과 일과 행동과 방법이 모두 미리 준비되어 정해져야 한다는 것이다. 이를테면, '유비무환有備無患'이라는 말이다. 상황이 닥치고 나서 어찌할 바를 모르고 허둥대면 '중용'을 지키기 어렵다는 것이다.

'중용'의 정치는 인간관계의 조화이기도 하다. 정치조직 속에는 현실적으로 상하관계가 있다. 『중용』에서는 그러한 상하의 인간관계를 조화 있게 꾸려 가는 것이 조직 운영의 기본이라 본다. 그래야만 백성을 잘 다스릴 수 있다는 것이다. 그래서 우선 윗사람에게서 신임을 얻는 것이 중요하다고 생각하였다. 바로 이 윗사람에게서 신임을 얻는 방법을, 『중용』에서는 역시 연쇄논법으로 전개한다. 윗사람에게서 신임을 얻는 방법은 먼저 벗에게서 신임을 얻는 것이다. 그리고 벗에게서 신임을 얻는 방법은 어버이에게 순종하는 것이다. 그런데 어버이에게 순종하는 방법은? 바로 여기서 『중용』이 강조하는 중요한 사상의 범주로 들어간다. 그것은 '성誠'이다. 즉 어버이에게 순종하기 위해 해야 할 선결 조건은 곧 자신을 돌아보아 '성실'해야 한다는 것이다. 그리고 이 '성실'의 방법이 이미 앞에서 미리 언급한 '선善'을 밝힘이다. (이 부분은 『중용』 「제20장」 다음 글의 취지. "在下位不獲乎上, 民不可得而治矣; 獲乎上有道: 不信乎朋友, 不獲乎上矣; 信乎朋友有道: 不順乎親, 不信乎朋友矣; 順乎親有道: 反諸身不誠, 不順乎親矣; 誠身有道: 不明乎善, 不誠乎身矣.")[90] 그래서 여기서 또 『대학』의 '성의誠意'와 만난다. 그러고는 이 '성誠'의 근원적 의미를 말하는데, 그것이 미리 앞당겨서 말한 하늘의 도인 '성誠'과 사람의 도인 '성지誠之'에 관한 논의이다.[91]

에필로그

1. '대동大同'의 이상理想, 요순堯舜의 덕치德治, 이는 곧『중용』에서 말하는 '중화中和'[92]의 구현이다. 요堯가 순舜에게, 순이 우禹에게 전한 정치원칙, '중中'. 그리고 그것을『중용』에서 선험적 중용인 '중'과 경험적 중용인 '화和'로 분화하여 설명한 '중화'. '중화'가 구현된 세상은 조화의 세상이다. 모두가 화합하여 사는 세상이다. 인류 발생기의 원초적 무질서와 욕망을 극복하고 이룬 세상이다. '예禮' 즉 '절도節度'에 맞는 세상, 그러면서도 구성원이 조화롭게 소통하는 세상이다.

그런데, '소강小康'이 문제다. 소강은 그 시작인 하夏나라,

은殷나라에 이어, 주례周禮가 표준이 된 주周나라가 치세일 때의 세상을 말한다. 이 소강의 세상은 세습과 상속이 제도화된 세상이다. 『논어』에서의 공자, 『춘추』에서의 공자는 이 소강 세상 제도 중 하나인 '주례周禮'를 지향한다. 공자는 이를 '정명正名'으로 말하였다. 임금이 임금답고, 신하가 신하답고, 아버지가 아버지답고, 아들이 아들다운 세상을 지향한다고. 즉 공동체 사회 구성원이 각자 자기가 맡은 역할에 충실하여 다른 역할을 넘보지 않는 세상이다. 공자는, 제후는 천자를 넘보지 말고, 대부는 제후를 넘보지 말 것을 주장하였다. 그렇지 못한 자들을 『논어』 속의 공자는 질타했다. 그리고 『춘추』에서 고발했다.

소강의 세상은, 천자는 천자답고, 제후는 제후답고, 대부는 대부다우며, 모든 구성원이 자신의 신분에 따라 그 신분다워야 하며, 나아가 노예는 노예다워야 한다. 모든 구성원이 자신의 맡은 역할을 다해야 함은 맞는 말이다. 그런데 문제는 소강의 세상에서는 그 역할이 계급화, 신분화되어 세습과 상속으로 고착화된다는 것이다. 공자는 이러한 사회를 지향했다.

그래서 '공자님'께 묻고 싶다. 『중용』에서 지향하는 '중화'의 사회가 과연 이러한 사회인지. 한번 '귀족'은 영원한 '귀족'이고, 한번 '노예'는 영원한 '노예'인지. 한번 '금수저'는 영원한 '금수저'이고, 한번 '흙수저'는 영원한 '흙수저'인지. 이 세상의 '출신성분'과 '카스트'는 영원하여 바뀔 수 없는 건지. '미꾸라지'는 감히 '용' 꿈을 꾸면 안 되는 건지.

'공자님'께서 돌아가시고 그 후 세상에 나온 진승陳勝과 오광吳廣이 진秦왕조에 반기를 들며 "왕과 제후와 장군과 재상에 어찌 씨가 따로 있겠는가!(王侯將相寧有種乎!)"라고 외친 것은 잘못된 헛소리일 뿐인 것일까. 세상 모든 사람의 신분이 언제나 그대로이고 변할 수 없다면, 그것이 『춘추』의 대의라면 그 얼마나 슬픈 일인가. 그러면 세상은 얼마나 우울할까.

만일 『중용』의 '중中'과 '화和'의 사상에 이런 면이 있다면, 이 사상의 고매함에 비추어 볼 때 참으로 아쉽게 여겨진다. 특히 공자가 강조한 '주례周禮'는 주나라의 통치그룹이 유지하려는 체제의 기본 질서이다. 그러므로 공자가 말하는 주례를 잘 지킴이 그 당시의 '화' 즉 그 시대적 '중용'이게 된다. '희로애락'을 현실에서 절도에 맞게 함은 곧 이 주례를 조화롭게 유지하기 위한 도덕주체(특히 당시 기득권을 소유·유지하려는 그 체제의 위정자)의 마인드 컨트롤의 의의가 있게 되는 것이다. 이러한 면은, 문헌『중용』의 한계이며 공자의 한계이다. 그 시대의 '중용'의 목적이 이러한 정치적 의미를 가지고 있음은 아쉬운 대목이다. 그리고 성인聖人으로 추앙되는 공자가 이러한 주장을 한 것도 아쉽다. 세상은 변한다. 역사는 흐른다. 공자는 '주례'를 영원불변한 보편적 사회체제질서로 생각했을까?

또『중용』에서는(『대학』과 더불어) '효孝'를 강조한다. 유가사상에서 제1 덕목으로 꼽고 있는 '효'는『중용』에서 '중용'을 실천하기 위한 제1 덕목이 된다. 이러한 점을『대학』과 연계한다면, 유가사상은 '가家'라는 공동체에서 출발하여 '국國', '천하天下'의 공동체로 나아가고, 다시 또 천지우주天地宇宙의 공동체, 즉 '가'의 가장 큰 확대판으로서의 공동체로 나아간다. 그래서 집안의 부모처럼 나라에 있어서는 임금이 부모의 역할에 유비된다. 이로써 부모에 대한 '효'가 임금에 대한 '충忠'으로 연결된다. 다시 또 천하로 확대되어서도 역시 중국 천하를 통치하는 천자가 만백성의 부모 역할을 하고, 궁극적으로 천지로 확대되면 천지가 부모가 되면서 이 논리는 계속된다. 그런데 이 사상의 근저에 정치적 의도가 깔려 있다고 볼 수도 있다.

『중용』에서는, 주周왕조가 천하를 차지하여 그 임금이 천하의 최고 통치자가 되어서, 천자로서 하늘에 제사 지낼 수 있는 권리를 얻었음을 선언하고, 이렇게 천자를 중심으로 각각의 신분과 위계에 맞는 질서를 강조하였다. 그것은 그들 체제를 위한 정치신학적 이데올로기였다. 그런데 그 이데올로기 속에 가문을 유지하기 위한 정신으로서 '효孝'를 내세우고 있다. 결국 효 관념이 주왕조의 체제 유지를 위해 정치적으로 활용되고 있는 셈이다. 주왕조의 최고 권력자 가문이 강조하는 '효' 관념은 당시 중국 천하 모든 구성원이 명심해야 할 이념이었던 것이다. 그래서 거기에 통치계급의 정치적 의도가 있지 않을까 하는 생각이 든다. 물론 정치적 의도와 무관한 순수한 '효'는 언제나 가치 있는 인간사회의 기본 덕목이다.

2. 그럼에도 공자의 사상으로 표방되는 『중용』이 요순의 시대를 지향함을 생각해 볼 때, 그리고 『대학』, 그리고 「예운」의 글들과 그 문맥을 감안해 볼 때 『중용』과 이들 문헌들은 여전히 '대동'을 꿈꾼다. 천하를 한 개인과 가문의 것이 아닌 천하 구성원 모두의 것으로 보아 세습과 상속이 없으며, 재화와 노동을 함께 하는 세상을 꿈꾼다. 『중용』의 공자가 진정으로 '대동'을 지향했는지, '소강'을 지향했는지는 명확히 선을 그어 말할 수 없다. 대동을 지향했다면 그 긍정적 가치의 존재는 당연히 더 말할 필요가 없을 것이다. 그리고 만일 공자가 시대적 상황에 따라 방편상으로 과도기적 소강을 지향했다면, 또는 그 자신의 시대적 한계, 사상적 한계 때문에 소강을 지향했다면, 『중용』 속의 긍정적 요소와 부정적 요소를 감안하면서 새겨 받아들여야 할 것이다. 그 부정적 요소가 먼지에 불과하든, 더 심각한 때이든, 그것을 씻어 내고 그 가치만을 담아내야 할 것이다.

그렇다면 『중용』의 가치는 어디에 있을까. 『중용』은 우리가 세상을 살면서 가장 고민하는 문제를 다룬다. 그것은 '어떻게 살아야 잘 산다고 할 수 있는가' 하는 것이다. 이 잘 산다는 것은 물론 '잘 먹고 잘 사는' 세속적 의미를 말하는 것은 아니다. '옳은' 삶을 말한다. 이것을 『중용』에서는 '중용'의 삶으로 말한다. 『중용』은 '중용'의 삶에 대한 철학적 근거를 마련하려 한다. 『중용』은, 비록 그 문헌의 구성이 일사불란한 논리적 논문과 같지는 않지만, 그래도 그 저자가 '중용'의 철학적 근거를 체계화하려고 애쓴 노력이 보인다. 무엇보다 이것이 『중용』이 가지는 기본적 가치다.

이미 본문에서 본 대로, 『중용』의 저자는 '중용' 이론의 체계화를 위해서 가장 먼저 그 형이상학적 근거를 '하늘'로서 제시하고, '중용'을 행할 도덕주체인 인간의 본성을 그 근거에서 출발시킨다. 그것이 논리적, 체계적 이론화 시도의 첫 단추이다. 그다음 이렇게 존재하게 된 도덕주체의 '중용'을 '중中'과 '화和'에 관한 핵심적 이론으로 설명하는데, 이 '중'과 '화'를 다름 아닌 도덕주체의 감정의 평형 문제로 다루는 것이 참으로 절묘하다. 인간행위의 문제가 근본적으로 인간의 감정 문제의 적절성에 달려 있다는 관점은 참으로 정곡을 찌른 것이라 여겨진다. 특히 현실에서의 '중용'의 행위가 곧 이러한 감정이 '절도에 맞는 것'이란 표현은 '중용'

의 본질을 꿰뚫은 것이다.

이러한 이론적 토대에서, 『중용』에서는 인간의 현실사회 속의 인간상을 '중용'을 기준으로 하여, '중용'을 지키려고 노력하는 경우와 그렇지 않은 경우에 따라 군자君子와 소인 小人이라는 두 유형으로 나누고, '중용'을 지키려는 노력의 결과 모든 상황에서 '중용'을 지킬 수 있는 덕을 갖추게 된 이상적 인간유형을 '성인聖人'으로 설정하였다. 이러한 관점 은, 사실상 단순한 이론적 분류가 아닌, 공자와 그 학단들 이 당시 천하를 철환하며 다양한 인간 군상들로부터 뼈저 리게 느꼈던 경험의 귀납적 소산所産으로 보인다.

이러한 인간상 분류는 사실상 『중용』 이론 구조의 중심 역할을 한다고 할 수 있다. '중용'을 외면하며 탐욕에 따라 사는 소인과 현실에서 투쟁하면서 '중용'을 지향하며 정의 에 따라 사는 군자, 바로 이 군자들이 쉼 없이 성실하게 이 상적 인간상인 성인을 향해 나아가는 것, 이것이 『중용』의 축을 이루기 때문이다. 이 인간상의 분류는 사회상과 대응 된다. '성인'은 인간상의 이상적 최종목표다. '대동'은 사회 상의 이상적 최종목표다. 현실적 인간상은 군자와 소인이다. 그리고 현실적 사회상은 '치세'(소강)와 '난세'다. 필자는 오늘을 살면서도, 『중용』의 당시 인간과 사회에 대한 고민, 고뇌가 절실히 느껴진다. 특히 자본과 권력이 손에 손잡고 놀아나는 오늘날의 이 탐욕스러운 세상을 보면서.

『중용』은 '중용'이 어렵다고 한다. 그만큼 이상으로 나아가는 도정道程이 험난하다는 것이다. 사실상 그 이론적 이치는 지극히 평범하고 쉽다. 그러나 '중용'의 관건은 실천에 있기 때문에 어렵다. 우리의 어리석음, 나약함, 탐욕, 나태함이 이 실천을 방해하기 때문이다. 결국 '중용'을 이루고 못 이루고는 우리 자신에게 달려 있다. 『중용』이 말하는 현실 속 가르침은, 끊임없이 자신을 반성하고 자신을 수양하는 실천의 여정이 곧 '중용'의 삶이라는 것이다. 그것은 곧 '성誠' 즉 '성실'이다. 이것이 하늘과 사람을 포괄하는 이치다. 그리고 완전한 '중용'의 삶을 사는 '성인'이 되기 위한 방법이기도 하다.

『중용』에서 말하는 '중용'. 사실상 우리의 행동 지침으로 일상생활에서 너무나 귀에 익은 말이다. 그런데 『중용』을 읽으면 '중용'의 삶을 살 수 있을까? 『중용』을 읽어 곧 '중용'

의 삶을 살 수 있다면, 『반야심경般若心經』을 읽고 또는 『금강경金剛經』을 읽고 곧 '부처'가 되기를 기대하는 것과 마찬가지다. '중용'의 경지에 든 것 자체가 유가사상에서는 이미 이상적 존재인 '성인'의 경지에 든 것인데 어찌 쉽다 하겠는가. 불교로 치면 '부처'가 된 것이다. '부처'는 불교의 '성인'이다. 불교경전은 부처 되기 설명서이고, 유교경전은 성인 되기 설명서이다. 자동차 운전 설명서를 읽는다고 자동차 운전을 자유자재로 할 수 있는 것은 아니다. 자동차 운전이 몸에 배는 것은 장시간의 훈련을 통해서다. 『중용』에서 중요한 것은 그 내용의 실천인 것이다.

『중용』에 아쉬운 점이 있지만, 이러한 점은 오히려 오늘을 사는 우리에게는 이 문헌들에 묻은 먼지들을 털어 버리고 이 문헌들의 사상을 현대적 의미로 전환할 수 있는 계기를 준다. 즉 『중용』이 지어진 시대와 그 사회의 문제들을 비판적으로 검토하고, 지금의 시대와 사회에 적절히 적용할 과제를 던져 주고 있다. 그 시대의 인간이나 이 시대의 인간이나, 인간과 이 인간들이 만든 사회의 본질은 마찬가지이기 때문이다.

주석

1. 혈통에 따라 세습(世襲)하지 않고 천하를 맡을 덕이 있는 이를 찾아 천하를 맡기는 것. 세습과 반대되는 말.

2. 이상은 『서(書)』[흔히 말하는 『서경(書經)』]와 『사기(史記)』의 내용에서 취한 것이다.

3. '은(殷)'의 원래 국가 명칭은 '상(商)'이다. 사실 '은(殷)'은 상(商)왕조의 마지막 수도였는데, 상왕조를 멸망시킨 주(周)가 상(商)을 낮추어 부른 데서 이 '은(殷)'이란 국가 명칭이 유래되었다고 한다.

4. 이상 '대동'과 '소강'에 관한 내용을 비롯한 『예기』「예운」의 구체적 내용과 의의에 관해서는 이 책에 앞서 출간된 필자의 『《대학》 읽기』의 '프롤로그'를 참고하시기 바란다.

5. '치지(致知)'와 '격물(格物)'의 의미는 하나로 단정 지어 말할 수 없다. 이에 관한 철학사 속의 대표적 해석인 주자학(朱子學)과 양명학(陽明學)의 해석은 그 철학 이론적 성향에 따라 다르다. 그래서 여기 본문에서는 풀어 해석하지 않았다. 그 내용을 간단히 말하면 이러하다. 주자학에 있어서, '격(格)'은 '이르다(至)'의 의미이다. 그러므로 '격물(格物)'은 '물(物)에 이르다'라는 의미가 된다. '물(物)'은 객관세계의 대상 사물이다. 그래서 '격물'이란 객관세계의 대상 사물에 다가가 경험함의 의미가 된다. 이렇게 함으로써 그 사물의 '지(知)'를 얻게 된다는 것인데, 이 '지'는 그 사물의 '이(理)'요 '성(性)'이다. 이 해석은 원래 북송(北宋)의 정이(程頤)의 이론인데, 남송의 주희[朱熹, 즉 주자(朱子)]가 받아들여 계승했다. 그런데,

양명학의 해석은 이와 다르다. 명대(明代)의 양명(陽明) 왕수인(王守仁)은 '격물'의 '물(物)'을 '사(事)' 즉 도덕적 '일'로 보았다. 이 '일' 즉 '사(事)'는 '성의(誠意)'의 단계에서 '의(意)'가 발하는 곳에 있는 것이다. 이 '의(意, 뜻)'가 있는 '사(事)'를 '물(物)'이라 이른다. 여기서 '물'은 '의'의 도덕적 대상이다. 도덕과 무관한 단순한 존재를 말하는 객관세계 중의 어떤 사물이 아니다. '격(格)'이란 '정(正, 바로잡음)'이다. 그 '부정(不正, 바르지 못함)'을 '정(正)하여(바로잡아)' '정(正, 바름)'으로 돌아가게 함을 이른다. 그렇다면 왕수인이 말하는 『대학』의 '치지(致知)'는 무엇인가. 그는 '치지'의 '지(知)'를 『맹자』에서 말하는 '양지(良知)'로 본다. 그러므로 그에 있어서 '치지(致知)'는 곧 '치양지(致良知)'다. 이처럼 '격물'과 '치지'는 간단하고 단순한 문제가 아니다. 복잡한 철학적 논의가 있는 개념이다. 자세한 것은 이 책에 앞서 출간된 필자의 《대학》 읽기』를 참고하시기 바란다. 여기서 말하는 『대학』 전반의 자세한 내용 역시 그 책에서 상세히 설명하고 있다.

6 『예기』의 한 편으로서의 「대학」, 「중용」은 「 」의 기호로 표현해야 할 것이고, 이후 독립된 단행본으로서의 『대학』, 『중용』은 『 』의 기호로 표현해야 할 것이다. 상황에 따라 표기하도록 한다.

7 '유가사상(儒家思想)', '유가철학(儒家哲學)', '유교(儒教)', '유교철학(儒教哲學)', '유학(儒學)' 등의 표현은 그 의미들이 서로 완전히 같지는 않다. 우선 '유가'는 학파의 명칭이다. 이는 춘추전국시대의 여러 사상가들과 그들에 관련된 학파를 말하는 '제자백가'의 '백가' 중 한 학파로서의 '유가'이다. '제자(諸子)'는 당시 활동한 여러 사상가들을 '여러 선생님'이라는 표현으로 쓰는 것이다. '백가(百家)'는 당시에 활동한 사상가들을 훗날 한대(漢代)에 가서 사상의 근접성에 따라 분류하면서 쓰인 '온갖 학파'의 의미다. 그래서 '유가사상'은 그 학파의 사상이라는 의미다. '유가사상'과 '유가철학'의 차이는 '유가'의 '사상'과 '유가'의 '철학'의 차이인데, '사상'은 인간의 정신활동을 폭넓게 이야기하는 것이고 '철학'은 그중의 하

나로서의 '철학사상'이다. 즉 여러 사상, 예컨대 '종교사상', '문학사상', '정치사상', '예술사상' … 등 중의 하나이다. '유가사상'이란, '유가'의 철학사상 외에 다른 분야들도 폭넓게 포괄하여 지칭하는 것이다. '유교'는 두 가지 의미가 있다. 우선 '유가사상'이 한대(漢代)에 국가 이데올로기로서 조직화된 통치이념체계가 '유교'이다. 여기에는 정치적 의미도 있고, 정치권력을 국가종교에 결부시키는 정치신학(政治神學)적 의미도 있다. 그래서 '교'에 '종교'의 의미가 포함될 수 있다. 이 '교'에는 또 유가사상을 이용하여 정치적 목적을 달성하려는 통치계급이 피통치자들을 교육시킨다는 의미의 '가르침'의 의미도 있다. 어떻든 '유교'라 할 때에는 그 사상체계가 진리를 담고 있다고 간주하므로 '진리를 담고 있는 문헌'이라는 의미의 '경전(經典)'이라는 용어와 결부되어 그 문헌들을 '유교경전'이라 한다. 그리고 그에 관한 학문을 '경학(經學)'이라고 한다. 이러한 의미의 '유교'의 철학성을 강조할 때는 '유교철학'이라 한다. '유학'은 '유가사상'을 학문체계화한 것이란 의미다. 여기에는 철학뿐 아니라 문학, 예술 등 유가사상과 관련된 다른 내용도 포함된다. 이 책에서는 문맥에 따라 적당하다 싶은 용어를 쓰기로 한다(이 주석은 그 성격상 필자의 『《대학》 읽기』에도 공통되게 나옴을 말해 둔다).

8 "中庸者, 不偏不倚, 無過不及而平常之理"[『중용장구(中庸章句)』「제2장」]. 주희는 『중용장구』 첫머리에서 이미 '중(中)'과 '용(庸)'을 나누어 풀이하여, "'중'이란 치우치지도 않고 기대지도 않으면서 지나침도 미치지 못함도 없음의 이름이다. '용'은 평상(平常)이다(中者, 不偏不倚無過不及之名. 庸, 平常也)"라고 하였다. 이는 정이의 취지를 이어받아 부연한 것이다.

9 그렇다면 불의한 행위, 악행에도 '중용'이 있을까? 예를 들어, 도둑이 도둑질을 하면서, 사기꾼이 사기를 치면서, 살인범이 살인을 하면서, 기업인이 거액의 탈세를 하면서, 어떻게 하면 '중용'이 될지를 생각할 수 있을까? 즉, 어떻게 하면 '과불급' 없는 도둑질을 할 수 있을지를 생각하는 것처럼, 이런 경우에도 '과불급'이 없는 '중용'이 있을까? 그런데, '중

용'의 기준은 '의', '옳음', '마땅함'이다. 따라서 악행에는 처음부터 '중용'을 거론할 수 없다. 아리스토텔레스 역시 이 같은 주장을 했다. 즉, 그는 "모든 행위와 겪음이 중용을 받아들이는 것은 아니다. 왜냐하면 어떤 것들은 곧장 악행과 결부되는 이름을 가지고 있기 때문이다"(『니코마코스 윤리학』)라고 했다. 아리스토텔레스가 보기에, 악행은 그 자체가 이미 나쁜 것이기 때문에 아예 '중용' 여부를 말할 수 없는 것이다.

10 '진리가 담긴 문헌'이라는 의미의 '경(經)'도 '진리'가 원리·원칙이기 때문에 이 글자를 쓰는 것이다.

11 『하남정씨유서(河南程氏遺書)』「권18(卷十八)」. "中字最難識, 須是黙識心通. 且試言一廳則中央爲中, 一家則廳中非中而堂爲中, 言一國則堂非中而國之中爲中, 推此類可見矣. 且如初寒時, 則薄裘爲中; 如在盛寒而用初寒之裘, 則非中也. 更如三過其門不入, 在禹稷之世爲中, 若居陋巷, 則不中矣. 居陋巷, 在顔子之時爲中, 若三過其門不入, 則非中也."

12 순(舜)임금의 대표적 신하로 '우(禹)', '직(稷)', '설(契)', '고요(皐陶)', '백익(伯益)' 다섯 사람이 있었다. 이때란 바로 순임금의 때로서, 우(禹)는 그의 신하로서 물과 흙을 다스리고, 직(稷)은 백성들에게 농사를 가르쳤다. 직(稷)은 '후직(后稷)'이라고도 하며 주(周)나라의 시조라고 한다.

13 맹자의 안회에 대한 언급은 공자가 안회를 칭찬한 말에 의거한 것이다. 『논어』「옹야(雍也)」에 공자의 "현명하도다, 회는! 한 대그릇 밥과 한 표주박 물로 누항에 살면서, 남들은 그 근심을 견디지 못하는데, 회는 그 즐거움을 바꾸지 않으니, 현명하도다, 회는!(賢哉, 回也! 一簞食, 一瓢飮, 在陋巷. 人不堪其憂, 回也不改其樂. 賢哉, 回也!)"이라는 말이 있다.

14 앞에서 '중용'을 대저울의 운용으로 설명한 바 있는데, '권(權)'이 그 대저울의 '추'이다. 그래서 이 '권'에는 그때그때 상황에 맞추어 융통성 있게 조절함의 의미가 있다. 이에 대해 원칙을 '경(經)'이라 한다. 유가사상에서는 원칙의 '경'이 그때그때의 상황에 맞게 적절히 변용되어야 한다고 하는데, 그 변용이 '권'이다.

15 요가 순에게, 순이 우에게 전한 정치원칙으로서의 '중용'의 심법이 '윤집
    궐중(允執厥中)'이었다. 이 역시 그 표현은 '집중(執中)'이다. 그러나 이것
    은 자막의 '집중'과 표현은 같지만 그 내용은 다르다. 전자는 진정한 '중
    용'을 간단히 표현하여 그렇게 말한 것이지만, 자막은 그저 기계적 중간
    을 잡은 것이다. 그런데 단순한 문자의 의미만으로는 구별되지 않는다.
    실제 『중용』 본문에 공자가 순임금을 찬양하면서 "그 양단을 잡아서 백
    성에게 그 중을 썼으니 이것이 순인 까닭이로다!(執其兩端, 用其中於民,
    其斯以爲舜乎!)"(『중용』 「제6장」)라고도 했는데, 이 역시 그 문자적 의미만
    보면 기계적 중간을 취한 것으로 해석될 수 있다. 순의 의도가 문헌상으
    로는 자막과 어떻게 다른지 분명치 않다. 그러나 철학사에서는 구분하
    고 있는 것이다.

16 이 책에서의 『중용』의 장(章) 구분은 편의상 가장 많이 거론되는 주희의
    분류에 따름.

17 공자는 '사십(四十)'에 '불혹(不惑)'했다고 말하였다.

18 天命, 卽天道之流行而賦於物者, 乃事物所以當然之故也. 知此則知極其
    精, 而不惑又不足言矣[『논어집주(論語集注)』 「위정(爲政)」].

19 命, 猶令也. 性, 卽理也. 天以陰陽五行化生萬物, 氣以成形, 而理亦賦焉,
    猶命令也(『중용장구』 「제1장」).

20 주희가 '명'을 '명령'으로 해석함에는 중세 봉건적 정치신학의 분위기가
    있다.

21 정이(程頤)는 여기서의 '성'은 본래의 순수한 성이 아니고 '기질지성(氣質
    之性)'이라 하였다. 주희도 마찬가지다.

22 『예기(禮記)』의 내용을 보라. 골이 지끈지끈 아플 정도의 복잡한 '예(禮)'
    가 있다. 그러한 것을 공자와 그 후학들이 지키려 했다. 그리고 그 후의
    긴 시간 동안 유교를 추종한 이들은 체제를 유지하기 위한 도구로 삼았
    다. 우리 역사에서 가장 가깝게는 조선조의 기득권자들이 이 예를 가지
    고 얼마나 부질없는 논쟁까지 벌였던가. 『중용』에서 말하는 '중용'이 '예'

와 관련되지만 오늘날 '중용'이 구시대의 봉건적 예를 지키는 것은 아니다. 오늘을 바람직한 사회로 이끄는 오늘날 민주사회의 '예'가 오늘의 '중용'과 관련된다. 『예기』 속의 '예'와 조선조까지의 '예'는 대부분 박물관에서 볼 수 있는 유물의 의의로 생각해야지, 그것을 오늘날 재현하려는 시대착오적 생각을 해서는 안 된다.

23 『노자(老子)』에서 말한바, 말로 표현되는 '도(道)'는 영원한 도가 아니라고 하는 측면의 도와는 다르다. 유가에서 말하는 도는 결국 '예'로서 구체화되는 도이다. 같은 글자를 쓰더라도 그 철학적 의미는 다름에 유의해야 한다. 어느 쪽이 맞느냐의 문제는 아니다. 각각의 사상체계 속의 문맥적 의미로 파악해야 한다는 것이다.

24 사실상 현실적으로 숨어 있는 것이 가장 잘 드러날 가능성도 적고, 미세한 것이 가장 잘 나타날 가능성도 적다. 그다음 결론을 끌어내기 위한 강조의 수사다. 또 "莫見乎隱, 莫顯乎微"라는 문장은 최상급을 말하는 것으로 그만큼 강조의 정도가 큰 것이다.

25 지금의 중국어로 볼 때 명사 '중'은 제1성으로 발음되고, 동사 '중'은 제4성으로 발음된다.

26 『논어』 「요왈편(堯曰篇)」에는 '允執其中'이라 하였는데, '厥(궐)'과 '其(기)'는 모두 우리말 '그'의 뜻이다.

27 『서(書)』 「우서(虞書)·대우모(大禹謨)」에 나옴.

28 자막(子莫)을 이야기하면서 말한 '집중'이 아니다. 자막의 집중은 '執中'으로서 '중을 잡음'이다. 여기서 말하는 '집중'은 일상적으로 쓰는 '集中(concentration)'이다.

29 조선조 유학사의 '사단칠정론(四端七情論)'의 '칠정(七情)'이 여기서 유래한 것이다['사단(四端)'의 용어는 『맹자』에서 유래하였다].

30 공자는 자신 이전의 중국 전통문화를 여섯 가지 범주로 정리하여, 이것을 유교에서 경전으로 높였으므로 훗날 '육경(六經)'이라 불리게 되었는데, 그중에 '예(禮)'와 '악(樂)'을 두었다. 그래서 경전으로서 '예경(禮經)'

과 '악경(樂經)'을 말하게 되었지만, 예경과 악경이 문헌상 무엇인지 명확하지는 않다. 그나마 '예경'은 『주례(周禮)』, 『의례(儀禮)』, 『예기(禮記)』라는 예서(禮書)가 있어서 그러한 것들이 아닐까 짐작은 할 수 있으나, '악경'은 문헌 형태로 명확히 전해지고 있지 않다. 그런데 『예기』 속에 「악기(樂記)」가 있어서 혹시 이것이 '악경'의 일부분이 아닐까 짐작하는 견해도 있다.

31 여기서 이 여섯 가지의 감정이 '성'이 아니고 '정'이며 '성'과 '정'이 모두 '심'에서 말해지는 이유로 해서, 훗날 북송의 장재(張載)는 '심통성정(心統性情)'(심이 성과 정을 거느린다)의 명제를 이야기했고, 주희가 계승했다.

32 감정의 표현이라고 해서 감정 표현 자체가 '중용'의 모든 것이라 생각해서는 안 된다. 사실상 감정 표현이란 결국 행위로 나타난다. 이 행위의 토대를 파고들면 결국 그 출발의 근원이 감정이라는 것이다.

33 감정 표현의 적절함이란 인위적으로 만드는 것이 아니다. '중용'의 감정 표현은 자연스럽게 이루어지면서도 적절한 것이다.

34 和, 如羹焉, 水火醯醢鹽梅, 以烹魚肉, 燀之以薪, 宰夫和之, 齊之以味, 濟其不及, 以洩其過, 君子食之, 以平其心. 君臣亦然. 君所謂可, 而有否焉. 臣獻其否. 以成其可; 君所謂否, 而有可焉, 臣獻其可, 以去其否. 是以政平而不干, 民無爭心, 故詩曰: "亦有和羹, 既戒既平, 鬷嘏無言, 時靡有爭." 先王之濟五味, 和五聲也, 以平其心, 成其政也. 聲亦如味, 一氣·二體·三類·四物·五聲·六律·七音·八風·九歌, 以相成也; 清濁大小, 長短疾徐, 哀樂剛柔, 遲速高下, 出入周疏, 以相濟也. 君子聽之, 以平其心, 心平德和, 故詩曰: "德音不瑕." 今據不然, 君所謂可, 據亦曰可; 君所謂否, 據亦曰否. 若以水濟水, 誰能食之; 若琴瑟之專壹, 誰能聽之. 同之不可也如是.

35 어떤 이는 중국 고대의 당시 정치적 상황을 가지고 이 '화(和)'와 '동(同)'의 관점을 해석하기도 한다. 그래서 '동'은 정치적 측면에서 하층의 '소인'이 상층의 기득권 세력에게 요구하는 평등 관념으로 보고, '화'는 이

러한 상층의 정치 세력들이 기존 질서를 유지하기 위하여, 임금은 임금답게, 신하는 신하답게, 아버지는 아버지답게, 아들은 아들답게 하는 식의 수직적 역할의 차이를 인정하면서 각 계층 간의 조화를 이루려는 관점으로 보아, '화'의 사상을 폄하하기도 한다. 그러나 안영, 공자, 『중용』의 사상에서 보이는 '화'의 긍정적이고 적극적인 의의를 그러한 식으로 평가절하할 수는 없다. 왜냐하면 안영과 공자가 지적하는 '동'의 문제는 시대를 떠나서 인간사회에 분명히 존재하고, '화'에도 그 시대를 떠나서도 존재하는 통시대적 가치가 있으며, 특히 『중용』에서 보이는 바와 같은 인간의 근본적 마음 다스림, 즉 도덕주체의 수양의 의의가 있기 때문이다.

36 비유컨대, 악보는 연주자마다의 역할에 따른 예(禮)이다. 연주자마다의 예는 전체적으로 하모니를 이룬 화(和)로 조절되어 아름다운 음악으로 완성된다. '대동(大同)'은 이와 같이 예(禮)의 의미인 질서와 악(樂)의 의미인 조화가 모두 갖추어진 아름다운 음악으로 비유될 수 있다. '소강(小康)'은 지나치게 예(禮)라는 신분적 질서만을 강조하는 세상이고, '난세(亂世)'는 지나치게 악(樂)의 의미인 화로만 흘러 질서가 없어진 세상은 아닐까. (난세가 화로만 흐르는 세상이라 할 때의 화는 진정한 화가 아니다. 대동의 화는 예를 품은 화이고, 그 예는 화를 품은 예이다. 난세의 화는 단지 무질서일 뿐이다.)

37 그렇다고 해서 『중용』의 '화(和)'가 권위주의 권력이 흔히 쓰는 강압적 의견 통일의 '총화(總和)'는 물론 아니다. 그것은 강압적인 '동(同)'이다['총화'에는 '총계(總計)'의 의미도 있는데, 그것을 두고 말하는 것은 아니다. 주자학적 성리학을 말할 때, '태극(太極)'을 '온갖 이(理)의 총화(總和)'라고 설명하기도 하는데, 이때의 '총화'는 '총계'이다].

38 '불선(不善)'과 '악(惡)'이 논리적으로는 같을 수 없다. '선'과 '불선'은 논리학상 모순 개념의 관계이고, '선'과 '악'은 논리학상 반대 개념의 관계이다. 왜냐하면 '선'과 '불선' 사이에는 논리적으로 아무것도 없지만, '선'과

'악' 사이엔 '선도 아니고 악도 아님'이 있기 때문이다. 중국철학에서는 '선'과 '불선'을 대비시키는 경우도 있지만, 선과 악을 대비시키는 경우도 있다. 맹자의 성선설에 대해 순자의 성악설처럼. 그런데 '불선'과 '악'은 논리적으로는 다르지만 현실적으로는 크게 구분 없이 쓰이고 있다(필자의 『《대학》 읽기』에도 필요에 의해 이 주석이 있다).

39 여기서 '군자'를 지배계층으로 '소인'을 피지배계층으로 보아 그 덕과 상관없이 해석한다면, 『대학』이고 『중용』이고 할 것 없이 더 이상 논할 가치가 없게 될 것이다. '군자'와 '소인'의 분류를 정치적 의미로 보는 견해가 그 용어의 유래상 전혀 타당치 않은 것은 아니나, 이후 덕의 관점으로 점차 변하게 됐음을 생각해야 할 것이다.

40 『논어』에는 "중용의 덕됨, 그 지극함이여! 백성들에게서 드물어진 지가 오래도다!(中庸之爲德也, 其至矣乎! 民鮮久矣!)"[『논어』 「옹야(雍也)」]라는 말이 있다.

41 이 말 속의 '군자'와 '소인'은 계급적 의미라 할 수 있다. 도덕적 의미의 군자는 당연히 '의'를 숭상한다. 도덕적 의미의 군자는 '의'가 없지도 '난'을 일으키지도 않을 것이기 때문이다.

42 자로는 위(衛)나라에서 벼슬하던 중 위나라에 일어난 정변 때 위험한 상황 속에서도 의리를 지키며 전사(戰死)했다.

43 유가사상은 은둔을 추구하는 도가사상과는 달리 현실 참여를 지향한다. 그러나 도가 행해지면 나아가고 도가 행해지지 않으면 물러나 은둔한다. 상황에 따라 진퇴(進退)를 결정하는 것이다. 즉 '시중(時中)'이다. 그런데 세상에 도가 행해지지 않아 은둔할 경우, 그 은둔자는 낙담하고 실망할 수가 있다. 그러나 유가사상의 입장에서, 군자는 그런 경우라 하더라도, 특히 자신의 능력을 알아주지 않는다 하더라도, 은둔을 후회하지도 도가 행해지지 않는 현실에 대해 실망하지도 않고, 혼자서라도 도를 지키며 의연히 살아간다. 이러한 취지는 『주역』 「상전(象傳)」 '대과괘(大過卦)' 상황의 군자의 처세태도를 말하는, "홀로 서도 두려워하지 않

으며, 세상에서 은둔해도 번민하지 않는다(獨立不懼, 遯世无悶)"의 표현과 관련된다. 그리고 『논어』 첫머리에 나오는, 공자의 "다른 사람이 알아주지 않아도 화내지 않으니, 또한 군자가 아닌가?(人不知而不慍, 不亦君子乎?)"[『논어』 「학이(學而)」]라는 말도 역시 공자의 이런 취지와 연관된다할 수 있다. 또 앞의 군자와 뒤의 군자는 의미가 다르다고 봐야 할 것이다. 전자는 중용의 도를 실천하려고 시작한 모든 군자를 포함하고, 후자는 그중에서 포기하지 않고 계속 노력하는 군자를 말한다. 그리고 두 번째 문장은 '군자'로 시작하여 '성자'로 끝맺었는데, 성자(성인)는 군자가지향하는 최종목표의 완성된 인격체다. 군자로서 실천을 하여 그 상태가 완전한 정도가 된다면 그것은 이미 군자를 넘어서 성자라는 것이다.두 군데의 군자란 표현, 그리고 성자란 표현은 논리적으로는 어색하지만 취지는 그렇게 봐야 할 것이다.

44 주희는 여기서 '비(費)'를 '용(用)의 넓음(用之廣)', '은(隱)'을 '체(體)의 미세함(體之微)'이라고 풀이했다. '체(體)'와 '용(用)'이란 용어는 고대 중국철학에 근거가 있지만, 이후 중국불교에서 많이 쓰였고, 유가철학에서는『중용』시대보다 후대에, 특히 성리학시대에 널리 쓰인 철학용어이다.여기서는 『중용』의 말을 주희가 성리학시대에 본격화된 취지로 해석한것이다. 어떤 존재를 두고 볼 때, 그 존재 자체가 '체(體)'이고 그 존재의쓰임새, 활용성이 '용(用)'이다. 그런데 이러한 것을 세계의 존재일체를포괄하여 설명하는 형이상학 용어로 사용하여, 세계의 존재 자체의 본체 측면을 체로, 그 현상 측면, 작용 측면을 용으로 보기도 하는데, 마음에도 적용한다. 이는, 한 존재를 본체와 현상의 양 측면으로 보아 그 둘은 분리할 수 없다는 철학 견해를 설명할 때 주로 사용한다. 북송의 정이는 이러한 체용의 의미를 명확히 하였다. 그가 『주역』에 관한 그의 저서 서문인 「역전서(易傳序)」에서 "체용일원(體用一源), 현미무간(顯微無間)" 즉 "체와 용은 하나의 근원이며, 드러남과 미세함은 틈이 없다"[『주역정씨전(周易程氏傳)』]라고 한 것이 이러한 취지이다. 체용이란 용어는

일반인에게 생소할 수 있겠지만, 철학용어가 아닌 일반용어로서도 국문법에서 '체언(體言)', '용언(用言)'과 같은 용어에 쓰이고 있다. 『중용』의 이 부분은 후대의 '체용론'의 사상적 단서는 되지만, 후대만큼의 확장된 의미는 아니다. 그렇지만 주희는 자신의 방식으로 확장하여 의미를 부여하였다.

45 『장자(莊子)』「천하(天下)」에 '10사(十事)'로 일컬어지는, 명가(名家)라는 학파의 한 사람인 혜시(惠施)의 10가지 명제가 있다. 그중 하나는 『중용』의 이 말처럼 가장 큰 것과 가장 작은 것을 정의하는 것이다. 그 명제는 이렇다. "至大無外, 謂之大一. 至小無內, 謂之小一." 즉 "가장 큰 것은 밖이 없으니, 이를 '대일(大一)'이라 이른다. 가장 작은 것은 안이 없으니, 이를 '소일(小一)'이라 이른다"는 말이다. 중국철학사가(中國哲學史家) 펑유란(馮友蘭, 풍우란, 1895~1990)은 이 명제의 성격을 두고 '분석명제'라 하였다. 경험세계의 어떤 것을 말하는 '종합명제'가 아니라는 것이다. 펑유란은, 이를 『장자(莊子)』 중 「추수(秋水)」에서 천지를 가장 큰 것으로, 털끝을 가장 작은 것으로 말하는 명제를 '종합명제'로 보는 것과 비교하고 있다. 그런데 『중용』의 이 부분 역시 가장 큰 것과 가장 작은 것을 정의하고 있다. 그런데 가장 큰 것을 '천하에 다 실을 수 없는 것', 가장 작은 것을 '천하에 다 깨뜨릴 수 없는 것'으로 정의하고 있다. '천하'라는 말을 보면 '경험세계'를 말하는 것 같다. 그러나 '다 실을 수 없는 것'은 '밖이 없음(無外)'의 의미가 되며, '다 깨뜨릴 수 없는 것'은 '안이 없음(無內)'의 의미가 되어 혜시의 취지와 같다. 즉 '천하'를 강조하면 '종합명제'다. 그러나 후자의 말들을 강조하면 '분석명제'여서 애매모호하다. 그렇지만 아무래도 후자의 말들을 강조한 것으로 보인다. (또, '천하'를 경험세계로 보지 않고 '일체의 모든 것'의 의미로 본다면 이 역시 달라진다.) 가장 작은 것에 대한 정의는 흡사 그리스의 데모크리토스(Democritos, B.C.460?~B.C.370?)의 '원자(原子, atom)'에 대한 정의를 연상시킨다.

46 인간은, 이 천지우주의 자연적 질서와 조화로서의 '중화' 즉 '중용'을 본

떠 인간의 '중화', '중용'을 이룸을 목표로 한다. 이것이, 앞에 나온 "중화를 실현하면 천지가 자리 잡히고, 만물이 길러진다(致中和, 天地位焉, 萬物育焉)"(『중용』「제1장」)라는 말의 의미다.

47 '혈구지도(絜矩之道)'에 대한 자세한 것은 필자의 『《대학》 읽기』를 참고하시기 바란다.

48 이 말은 『주역』에도 나온다[『주역』「간괘(艮卦)'의 상사(象辭)이다].

49 '성(誠)'을 흔히 이렇게 번역하지만, 한자(漢字) 한 글자를 더 붙였을 뿐 역시 한자어(漢字語)다. 사실상 '성(誠)'이라는 하나의 글자가 하나의 철학용어다. 그래서 풀어 쓰면 의미의 긴장감이 떨어지므로 가급적 '성(誠)'이라는 글자 그대로 쓰려 한다.

50 흔히 자사(子思) 계열로 말해지는 맹자(孟子)는 이와 같은 취지로 "誠者, 天之道也; 思誠者, 人之道也"[『맹자』「이루(離婁)상(上)」]라고 했다. '誠之'를 '思誠(誠을 생각함)'으로 바꾼 것이다. 『중용』이 자사의 저작이 분명하다면 그 후의 사람인 맹자가 이의 영향을 받았다 하겠지만, 만일 그렇지 않다면, 그 역(逆)도 가능하지 않을까. 즉 맹자 후의 사람이 『중용』을 썼고, 그가 맹자의 영향을 받았다는 가설 말이다. 한편, 고려말·조선초의 맹사성[孟思誠, 1360~1438, 자(字)는 자명(自明)—『중용』에서 유래—, 호(號)는 고불(古佛)]의 이름은 『맹자』에서, 조선초의 양성지[梁誠之, 1415~1482, 자(字)는 순부(純夫), 호(號)는 눌재(訥齋)]의 이름은 『중용』에서 유래된 것이다.

51 자연의 성실함을 모범으로 삼아 인간의 성실함을 추구하는 것은 『주역(周易)』에도 나타난다. 『주역』「상전(象傳)」의 '건괘(乾卦)'에 유명한 문장이 있다. "天行健, 君子以自强不息", 즉 "하늘의 운행이 건실하니, 군자는 그것을 본받아서 스스로를 강건하게 하면서 쉬지 않는다"는 것이다. 여기서 '以(이)'라는 글자가 하늘의 법칙을 모범으로 삼는다는 의미를 가지고 있다. 군자는 도덕실천자로서의 인간의 대표이다. '건실함'으로서의 존재법칙을 당위법칙으로 받아들여 '自强不息(자강불식)'의 행위지침

으로 삼는 것은 『중용』의 취지와 같다. 『주역』의 「상전(象傳)」은, 대표 괘인 건괘(乾卦)뿐만 아니라 다른 괘들도 마찬가지로 존재법칙을 당위법칙으로 받아들이는 취지로 서술되어 있다.

52 여기서의 '중(中)'은 동사로서, 앞에 나온 "發而皆中節, 謂之和"의 '中節'의 '중'과 의미와 용법이 같다.

53 역시 '중용'을 강조한 아리스토텔레스는, "이성을 잘 실현하는 활동은 한 번에 그치는 것이 아니라 평생 동안의 노력을 통해 이루어져야 한다. 한 마리의 제비가 날아왔다고 봄이 온 것이 아니듯, 행복 역시 하루 이틀의 짧은 시간에 이루어지는 것이 아니기 때문이다"(『니코마코스 윤리학』)라고 했다.

54 여기서 "博學之, 審問之, 愼思之, 明辨之, 篤行之"의 각 목적어인 대명사 '之'가 지칭하는 것은 '善'이지만, 그 내용을 자신이 추구하는 어떤 목표로 대치하여 생각해도, 그 목표를 실행하기 위한 훌륭한 행위조목이 될 수 있고, 실제 그런 식으로 받아들이는 경우도 많다.

55 평유란은 '지성(至誠)'을 '완전한 성(誠)'이라고 했다.

56 여기 원문의 '其次(기차)'를 주희는 "대현(大賢) 이하 성(誠)이 아직 지극하지 못한 모든 이들을 통틀어 말한 것이다"라고 하였다. 즉 '지성(至誠)'을 이룬 성인(聖人) 다음 단계의 사람들을 통틀어 말한 것이라 본 것이다. 그러나 이 전후의 부분은 전반적으로 '지성'의 단계에 든 '성인'을 두고 말한 것이다. 이 부분도 역시 맨 뒤에 "오직 천하의 지성만이 화(化)할 수 있다"라는 말을 하고 있다. 또 이 부분을 보면, 먼저 앞부분의 거시적 우주 다음 미시적 우주를 공간에 중점을 두어 말하고 있고, 바로 다음에 시간에 중점을 둔 '지성'의 공효를 말하고 있다. 이렇게 볼 때, '其次'는 단순히 앞말을 이은 순서상의 다음을 말하고 있다고 봐야 한다.

57 다음에 말할 '귀신(鬼神)'의 '귀(鬼)'는 음(陰)의 상태, 그 '신(神)'은 양(陽)의 상태이다. 그런데 「계사전」의 '신(神)'은 '음인지 양인지 헤아릴 수 없는 것'이다. '귀신'의 '신(神)'과 다름을 알 수 있다.

58 『주역』「계사전」에서는 음인지 양인지 알 수 있는 상태를 두고는 '도(道)'라 했다. 즉, "한 번은 음이었다가 한 번은 양이었다가 하는 것을 도라고 한다(一陰一陽之謂道)"고 한 것이다.

59 오늘날 서양어 God, Gott 등의 번역어로 동일한 한자인 '신(神)'이라는 글자가 쓰이고 있지만, 지금 논의하고 있는 『중용』이나 『주역』의 '神'과는 다르다. 또, 서양의 일신교의 신 God에 대응될 수 있는 중국 고대의 용어는 '제(帝)', '상제(上帝)', '천(天)'이다. 그리고 다신교의 god에 해당되는 중국 고대의 용어에 오히려 '神'이란 글자를 쓰기도 한다. 사실상 이 '神'이란 글자는, 중국 고대문화에 있어서 철학이냐 종교냐 그리고 어떤 파의 철학이냐 종교냐에 따라 다양한 의미를 가지고 있다.

60 '성(誠)'을 하늘의 도로 삼는 것은 『중용』의 사상을 비롯한 유가사상이 '제(帝)', '상제(上帝)'와 같은 인격적 God을 전제하는 종교적 관점에서 탈피하여 철학적 관점으로 이행했음을 말한다.

61 '시종(始終)' 즉 '처음과 끝'이라 하지 않고, '종시(終始)' 즉 '끝과 처음'이라 함은 끝나고 다시 시작하는 우주만물의 순환적 이치를 강조함이다. 겨울이 끝나고 나면 다시 봄이 오듯이.

62 『전습록』「권상」. "身之主宰便是心. 心之所發便是意. 意之本體便是知. 意之所在便是物. 如意在於事親, 卽事親便是一物. 意在於事君, 卽事君便是一物. 意在於仁民愛物, 卽仁民愛物便是一物. 意在於視聽言動, 卽視聽言動便是一物. 所以某說無心外之理, 無心外之物. 中庸言'不誠無物', 大學'明明德'之功, 只是箇誠意. 誠意之功, 只是箇格物."

63 물론 오늘날에도 올바른 입법기관의 구성원을 기다려야 올바른 제도가 이루어지지만.

64 '존덕성(尊德性)'과 '도문학(道問學)'은 남송대 당시 주희와 육구연의 사상적 특징을 가름하는 상징어가 되었다. 육구연은 '존덕성'을, 주희는 '도문학'을 중시했다.

65 '溫故而知新'은 『논어』「위정(爲政)」에서 "溫故而知新, 可以爲師矣(옛것

을 익혀 새것을 알면 다른 사람의 스승이 될 수 있다)"라는 공자의 말로 유명하다.

66 도가(道家)와 도교(道教)는 다르다. 도가는 노자(老子), 장자(莊子) 같은 철학자의 사상적 학파를 말하고, 도교는 중국 고대의 원시종교로부터 이어져 온 민간신앙이 한대(漢代)에 전래된 불교사상의 영향을 받으면서 종교로 조직화된 것이다. 그 안에는 불교사상, 유교사상 등 다른 사상의 요소도 있다. 도교에서도 노자, 장자와 같은 도가의 인물을 내세우는데, 도교에서의 노자, 장자와 같은 이들은 그 종교를 위하여 신비화시켜 이용한 '바지사장'일 뿐이다. 흔히 도가와 도교의 다른 점을 이야기할 때 예로 드는 것 중에 이런 것이 있다. 즉 도가는 무위자연(無爲自然)의 태도로 삶을 살며, 인위를 배제하여 죽음조차도 자연스러운 것으로 그에 순응하지만, 도교는 삶과 죽음의 문제를 자연스럽게 받아들이기보다는, 오히려 인위적으로 장생불로(長生不老), 심지어 장생불사(長生不死)까지도 꿈꾼다는 것이다.

67 『주역정씨전(周易程氏傳)』「건괘(乾卦)」. "以功用謂之鬼神."

68 『주역정씨전』「건괘(乾卦)」. "鬼神者, 造化之迹也."

69 『정몽(正蒙)』「태화(太和)」편. "鬼神者, 二氣之良能也."

70 『정몽』「신화(神化)」편. "鬼神, 往來屈伸之義."

71 왕수인(왕양명)은 『대학』의 '치지(致知)'의 '지(知)'를 이 '양지'로 해석하였다.

72 『중용장구』「제16장」. "以二氣言, 則鬼者陰之靈也, 神者陽之靈也. 以一氣言, 則至而伸者爲神, 反而歸者爲鬼, 其實一物而已."

73 『주자어류(朱子語類)』「귀신(鬼神)」. "神, 伸也; 鬼, 屈也."

74 『주자어류』「귀신」. "鬼神不過陰陽消長而已."

75 『주자어류』「귀신」. "鬼神只是氣. 屈伸往來者, 氣也."

76 훗날 북송대 정이의 말 중에도, "혼은 양일 뿐이고, 백은 음일 뿐이다. 혼기는 하늘로 돌아가고, 체백은 땅으로 돌아간다(魂只是陽, 魄只是陰. 魂氣

歸於天, 體魄歸於地)"(『하남정씨유서』,「권18」)라는 것이 있다.

77 공자의 귀신에 대한 태도는 엄밀히 말한다면 불명확한 것이다. 그는 논점을 회피하고 있다. 그는 귀신을 멀리할 것을 말했지 귀신을 부정하지는 않았다. 문제는 그 귀신이 종교적 귀신이냐 아니냐다. 그리고 『논어』외의 문헌(『중용』 등)에서 공자를 표방한 말로 귀신에 대해서 언급한 것이 진짜 공자의 말인지도 사실상 불명확하다(다른 주제에 대해서도 마찬가지지만). 다만 여기서 말할 수 있는 것은 '공자'로 표방된 말의 내용이 그러하다는 것이다. 어쨌든 공자 이후 유가사상은, 귀신을 부정하거나, 인정해도 점차 귀신을 합리적 관점에서 해석했다.

78 우리가 겪는 한국문화의 전통 속 유교문화의 제사의식을 두고, 유교에서 종교적 '귀신'의 존재를 인정한 것이 아닌가 하고 반문할 수 있다. 그러나 그것은 자신이 유교사상을 따른다고 생각하는 사람도 유교의 근본 취지를 잘 모르고 그렇게 생각하거나, 불교나 민간신앙이 섞여 들어간 경우이다. 공자 이후 순자의 제사에 대한 이 말은 보다 진보적 입장의 유교사상을 대변한다. "그것(제사)이 군자에게 있어서는 인도(人道)이지만, 그것이 백성에게 있어서는 귀사(鬼事)가 된다"[『순자』,「예론(禮論)」]. 즉 당시 지식과 정보에 소외되어 있던 백성은, 합리주의에 대한 인식이 결여되어 있어서 신비적 종교에 빠지기 쉬우므로, 제사를 실제 귀신이 존재해서 지낸다고 생각하는 것이다. 반면 합리적 지식인 군자에게 있어서 제사는 인간사의 단순한 행사일 뿐이다. 순자는, 귀신이 존재하지 않는다 하더라도 제사를 지냄은, 그것이 인간사회의 '문(文)' 즉 '문화적 수식'의 의미가 있는 것이기 때문으로 생각한다. 훗날에도 유가사상의 본질을 생각하는 입장은 바로 이러한 견해에 바탕을 두고 있다.

79 즉 '귀신'이 하늘과 사람이 교감하는 매개체라는 것이다. 귀신 관념이 종교적으로 받아들여질 때는, 물론 종교행위를 통해 우선 귀신과 교감하고 나아가 하늘과 교감할 것이다. 중국문화상 처음에는 '귀신'은 이처럼 종교적으로 받아들여졌다. 유가사상가들은 그러한 상고시대의 귀신

을 합리적으로 해석하여 철학적 개념으로 전환한 것이다. 그러한 시도가 송대 철학자들에 가서는 아주 분명해졌다. 그래서 더 이상 '귀신'을 교감의 매개체로 이야기하지 않고 그냥 '기'로 이야기하는 것이다. 이 '기'는, 서양의 '에테르(ether)'[그리스의 자연학에서 천체를 구성하는 원질로 제기되다가, 근대 물리학 중 빛의 파동설의 입장에서, 우주공간에 가득 차 있으면서 빛을 전달하는 매질(媒質)로 일컬어진 그 에테르—화학물질 에테르가 아닌—]와 비슷하다. 장재는 광막한 우주공간인 '태허(太虛)'는 '기'로 가득 차 있다고 했다. '기'는 종교적인 '귀신'이 아닌, 자연학, 철학의 의미를 지닌 '귀신'을 포괄하는 개념이다. 그리고 이 기는 중국철학에서 하늘과 사람을 하나로 합하는 천인합일사상의 토대가 되므로, '귀신' 역시 하늘과의 종교적 교감 또는 감응이 아닌 철학적 교감 또는 감응의 매개체가 되는 것이다. '성(誠)'은 이 교감, 감응을 이루는 태도가 된다.

80 이런 설화가 있다. 옛날 어느 마을에 효성이 지극한 젊은이가 있었는데, 부친이 중병에 걸려 백방으로 노력했으나 회생의 기미가 없었다. 그런데 어떤 이[명의(名醫) 또는 지나가던 승려]가 다른 약은 없고 그대의 막내아들을 삶아서 약으로 써야 한다 하여, 이 말을 들은 그 젊은이는 자신의 막내아들을 잡아 가마솥에 넣고 삶아 그 물을 부친에게 드렸더니 곧 회복되었다. 그러나 마음 한편으로 자식에 대한 죄책감이 사라지지 않았는데, 자신이 죽였다고 생각했던 막내아들이 밖에서 놀다 집안으로 들어왔다. 이에 깜짝 놀라 가마솥을 열고 보니, 그 속에는 동삼[童蔘, 동자삼(童子蔘). 어린아이 모양처럼 생긴 산삼]이 들어 있었다. 이에 마을에서는 그 젊은 효자의 지성(至誠)에 하늘이 보응한 것이라고 하였다. 하늘이 효성을 시험해 봤다는 것이다.

81 이 내용은 『공자가어(孔子家語)』에도 있다. 『공자가어』는 중국 삼국시대 위(魏)의 왕숙[王肅, 195~256, 자(字)는 자옹(子雍), 시호는 경후(景侯)]이 편찬한 책으로서, 공자와 제자의 언행에 관한 기사를 바탕으로 쓴 설화집인데, 위작(僞作)이라는 견해가 있다.

82 여기서 '친친(親親)'을 '친한 이와 친함'으로 풀었다. 앞의 '친'은 동사이고 뒤의 '친'은 명사로서 목적어이다. 뒤의 '친'을 어떤 이는 '어버이'로, 어떤 이는 '친족'으로 푼다. 문맥상 '어버이'는 맞지 않다. '어버이'에 대해서는 바로 다음에 '사친(事親)'이 나온다. 즉 '어버이를 섬김'이다. 바로 다음에 섬김의 대상으로서의 '어버이'가 있는데, 앞에 '어버이'가 나올 리 없다. 주나라의 종법(宗法)제도와 관련한 예(禮)를 고려하면 '친족'도 가능하다. 어쨌든 유가적 사랑은 상대적으로 더 친한 이로부터 멀리 갈수록 감(減)하는 거라는 점을 말하는 취지다.

83 『공자가어』에는 '爲政在人'이 '爲政在於得人'으로 되어 있음을 주희는 지적하고 있다.

84 맹자는 "그 마음을 다하면 그 본성을 알고, 그 본성을 알면 하늘을 안다(盡其心者, 知其性也. 知其性, 則知天矣)"[『맹자』 「진심(盡心)상(上)」]라고 했는데, 이 맥락에 있다고 하겠다.

85 널리 알려진 '오륜(五倫)'도 바로 이 관계이다.

86 앞에서 '친한 이를 친함'으로 번역한 바 있다. 사실상 주(周)의 제도에서 친한 이는 친족(親族)이 그 대표이다.

87 여기서의 '충(忠)'은 아랫사람이 윗사람에게 대하는 마음가짐을 말하는, 조직 속 복종의 '충'이 아니라 '충·서'의 '충'이다. '충·서'의 '충'은, 일반적인 의미로는 위아래를 불문하고 다른 사람을 대함에 자신의 마음을 다하는 것이다. 다만 이 경우는 오히려 윗사람이 아랫사람에게 대하는 마음가짐이다. 여기서의 '신(信)'은 대상을 '믿는' 마음가짐이 아니라, 대상에게 '신뢰감을 주는' 성실한 마음과 행동이다.

88 '조(朝)'는 제후가 직접 천자를 찾아뵙는 것이다. '빙(聘)'은 제후가 대부를 보내 천자에게 예물을 바치며 문안토록 하는 것이다. 중앙이 지방을 통제하면서 지방이 독자 세력화하는 것을 감시하는 정치적 목적이 내재해 있다.

89 위의 '친친'에서의 목적어 '친'의 친족은 주의 제도상 주로 '국'의 제후나

그 주변의 권력층을 말한다. 주의 종법제도상 적장자가 가장 중심의 지위를 세습한다. 그리고 그다음 서열은 그다음 정도의 지위를 얻는다. 그래서 천자를 중심으로 차츰 멀어지면서 단계적 계급이 생긴다. 이것도 사실상 앞에서 말한 '친친지쇄(親親之殺)'와 연관된다. 여기서 제부(諸父)는 적장자가 천자가 되면 그 천자 입장에서 아버지의 형제들이다. 이들이 제후로서 권력을 나눠 가지면서 중앙의 천자를 돕는 구조다. 동시에 천자 자신의 형제들도 그렇게 권력을 나눠 갖고 천자를 돕는다. 제후의 적장자 역시 제후의 지위를 세습하고 적장자가 아닌 쪽은 또 중앙과 제후의 관계처럼 권력을 나눠 갖고 제후를 돕는다. 이렇게 제후를 돕는 권력자들은 대부(大夫)가 되며, 귀족층을 형성한다. 지배계층에 속하면서 이 대부 다음의 지위를 가지고 권력이 좀 더 작은 계급이 사(士)이다. 초창기에 이들은 무인(武人)으로서 중심 권력층을 도왔다. 이후에 이 계급에 속한 이들은 지식을 가지고 권력층을 돕는 지식인그룹이 된다. 제자백가의 여러 사상가들은 이들로부터 유래했다고 할 수 있다. 그리고 위에서 말한 주의 종법제도를 기반으로 한 권력 나눠 먹기, 즉 적장자가 중심 권력을 차지하고 그다음 서열들이 그 적장자를 돕는 구조는, 세월이 흘러 다음 세대로 가면 갈수록 이러한 혈연적 거리가 점차 멀어짐으로 인해, 자연히 초기의 취지를 고려하지 않게 되어, 나중에 주변 세력이 독자 세력화하여 중앙을 위협하는 결과로 인해, 점차 와해되게 된다. 이러한 것이 본격화된 때가 바로 춘추전국시대이다(주의 종법제도에 기반한 권력의 세습과 배분은 곧 '족벌정치'의 기본 모델이다. 이것은 '족벌경영'을 하는 한국 재벌가의 부의 세습, 배분을 연상케 한다. 즉 창업주의 2세로의 초기 부의 세습과정에서 계열사를 나누는 등의 분배를 하고 나면, 이후 2세, 3세로 가서 혈연의 촌수가 멀어질수록 관계가 소원해져 결국 독자 세력이 생기게 되며, 서로 이권다툼까지 벌이게 되는 것을 말한다). 공자가 주의 초기 상태로의 복귀를 주장한 것은 사실상 이 종법제도를 기반으로 한 권력질서로 돌아가자는 것이 된다. 공자가 지금 여기서 말하는 '구경'은 바로 이러한 사고를 기반으로 한 체제안정의 방법인 것이다.

90 앞의 '수신'-'사친'-'지인'-'지천'의 연결 고리와 통한다. 역시 어버이 섬 김이 중요한 맥락이 된다. 그리고 이 어버이 섬김이 결국 하늘을 앎으로 연결되는데, '성(誠)'이 하늘의 도임과 통하는 것이다.

91 즉, "'성(誠)'이란 하늘의 도이고, '성(誠)'하려고 하는 것은 사람의 도이 다. '성(誠)'이란 힘쓰지 않아도 '중(中)'하고, 생각하지 않아도 얻어지며, 가만히 도에 맞으니(中), '성인(聖人)'이다. '성(誠)'하려고 하는 것은 선 (善)을 골라서 그것을 굳게 잡는 것이다(誠者, 天之道也; 誠之者, 人之道也. 誠者不勉而中, 不思而得, 從容中道, 聖人也. 誠之者, 擇善而固執之者也)"라는 부분이다. 그리고 이어서 역시 앞에서 말한 구체적 실천조목에 관한 "博 學之, 審問之, 愼思之, 明辨之, 篤行之. 有弗學, 學之弗能弗措也; 有弗問, 問之弗知弗措也; 有弗思, 思之弗得弗措也; 有弗辨, 辨之弗明弗措也; 有 弗行, 行之弗篤弗措也; 人一能之己百之, 人十能之己千之. 果能此道矣, 雖愚必明, 雖柔必强"의 내용이 나오는데, 이 '博學之' 이후 부분은 『공자 가어』에는 없다. 원래 노애공과의 대화에는 없이 『중용』에만 있는 것일 수도 있고, 그 대화에 있는데 『공자가어』에서 빠뜨려진 것일 수도 있다. 주희도 이 점을 지적했다. 사실상 지금 전하는 『중용』의 '博學之' 이후 어 디까지가 그러한 것인지는 오늘날 알 수 없다. 그리고 이 책에서 필자 는, 공자와 노애공의 대화 중 '誠者, 天之道也' 이후 부분은 『중용』의 사 상에 대한 설명의 편의상 앞으로 옮겨서 재구성하여 논의했다.

92 화학에서 말하는 바의 '산과 염기가 반응하여 서로의 성질을 잃음. 또는 그 반응'이란 의미가 아니다. 즉 'neutralization'이 아니다. 한 단어 '중화' 가 아니라 두 단어 '중'과 '화'의 연결이다.